先農

韓國學資料院

진광 (震光)

진광 (震光)

1934년에, 항저우 한국독립당에서 독립운동 사실을 중심으로 발행한 잡지.

1934년 1월 25일 대한민국임시정부소재지인 항저우의 한국독립당(韓國獨立黨)에서 창간하였다. A5판 44면의 국한문 혼용으로 발간되었다.

상하이에서 냈던 당보(黨報) 『상해한문(上海韓聞)』과 비슷한 성격의 당기관지로 당총무 조소앙(趙素昻)이 실무를 주관하였다. 여러 가지 어려운 일 때문에 지하출판되었으며, 제2·3호 합병호는 같은 해 3월 25일에 나왔다. 편집경향은 수록된 내용으로 미루어 알 수 있듯이, 민족주의사상에 불타 있었다.

몇 가지 중요한 표제를 들어보면, '제15주년 3·1절을 맞으면서', '민족문제연구', '각국 혁명운동사', '영토분할투쟁의 발전', '의사활동요목(義士活動要目)', '중요소식' 등으로 꾸며져 있다. 폐간일자는 알 수 없다.

震光

第一號

四二六七年創刊(一月號)

要目

25. Jan. 1934.

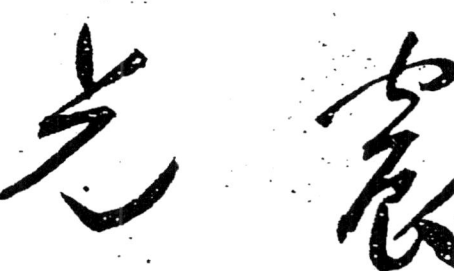

緖言에代하야

一、韓國運動은 自身의立場에서 世界運動을分析 批判 把握함에依하야 韓國運動으로써의世界的任務를規定하여야할것이며 同時에 世界的立場에서 韓國運動의特質을 分析批判 把握함에依하야 世界運動으로써의韓國運動의進路를決定하여야할것이다 그러나 韓國運動의出發點은 「韓國社會」란 運動線에있고 韓國運動의主體가또한「韓國人」이란特殊選手인것은 더말할것도없는바이다 世界運動이란 世界의部分인 各民族과밋各階級의各各自體問題를解決하기爲한모든運動의總和에不過한것이오 同時에自民族 自階級의運動은自民族 自階級以外에어느他民族 他階級이 絶對로代身할수는없는것이다 그럼으로 우리는「世界運動은韓國運動에서」「韓國運動은韓國運動者가」「韓國人은韓國運動에로」라는平凡한口號를다시금부르짖는바이다

一、韓國運動은 民族對民族 階級對階級의衝突밋그連結關係를 切實히認識 把握하야 民族的 階級的의政治的 經濟的 社會的平等과自由를實現함에그途經과目的이있는것이다

一、韓國運動의가장큰革命的對像은日本帝國主義勢力이다 그럼으로韓國의모든革命勢力은 그鬪爭의鋒芒이反日的戰線에로集中되지안을수없는것이며 同時에가장有力한鬪爭을進行하기爲하야 各各自主義에依한革命勢力의獲得과統一밋內外의反日的革命勢力의聯結을促成하여야할것이오 또그리하기爲한重要한方法의一種으로써 反日的全體鬪爭에聯結된當面的部門運動을猛烈히進行하여야할것이다

一、우리는 以上에말한見地에서 거긔必要한主張 理論밋此에關한實際消息을紹介하야 韓國運動의有力한進展을促하고저하는바이다

革命團體聯合問題

聯合이란 主義政綱의大小의差異를가진二個以上의團體가 過程的或은終極的의共通한或은特殊한革命的目標에到達하기爲한革命工作의過程的 時間的의橫的合作이다 그럼으로 革命의對像이國內에나國外에있음을勿論하고 共同한革命對像下에서 鬥爭의鋒鋩이共同한方向에로進行될때에는 從來의무서운一切黨派的對立的關係를超越하고 一定한過程的聯合을하지않을수없게되는것이다

韓國運動에있어서도어떤主義어떤黨派를勿論하고 決定的 共通的의革命對像은日本帝國主義임으로 그것을打倒하지않으면自主義自黨派의革命目的을成就할수없음은 넘어나明白한事實이오 또日本帝國主義를打倒하기爲하야 모든革命的黨派가切實히聯合하여야할것도누구나認識하지않을수있는自然的結論일것이다 그럼으로우리는 이聯合運動을더욱促進하기爲하야 聯合運動과重要한關係를가진 一二問題를提出하야 同志諸君과감이討論하려하며 同時에거기關한共同한認識을獲得코저하는바이다

(一) 聯合組織에參加한各團體의自體勢力擴張問題

自團體勢力擴張이란 自團體主義政策에依한同志의獲得 資金의籌辦 部分的事業進行等일것이니 이러한運動을進行함에있어서聯合組織에參加한他團體의排擠的言動으로써同志獲得의方法을삼는다든지 聯合組織이나聯合組織에關係된全體運動을標榜하야 局限된自團體의事業經費를籌辦한다든자 聯合組織의發個的計劃과矛盾的關係를가진事業을進行한다하면 이것은畢竟聯合組織體와衝突的事態를發生케할것이오 그反對로 自團體의主義政策을 正當하게表明하야 同志를獲得하고 自團體의局限된一定한事業計劃에依據한方針으로資金을求得하며 그리하야聯合組

織의全體的計劃과連結關係를가진事業을進行한다하면 이것은聯合組織과有力한協助的結果를發生케할것이다 聯合組織에參加한一團體는 聯合組織을構成한 一單位임으로 一單位의活動이 全體와對立될程度에到逆될때에는 不可避의衝突的關係가發生되지마는 一單位의活動이그런지않고 單位的軌線上에서 自體의力量이 擴充되고事業이힘있게進行될때에는 聯合組織과何等의衝突的關係가發生되지않을뿐아니라 도로혀그것을有益케하는것이다 그럼으로一團體의自體勢力擴張問題과 聯合組織聯合運動의衝突有無는 自體勢力擴張運動本身에 있는것이아니오 그것을爲한方法如何에있는것이다

(二) 聯合組織에參加한各團體의聯合組織에對한領導權獲取問題

聯合組織에參加한各團體는 各各自團體의主義的信仰과固執이있음에따라 自團體의一切運動은 自主義의成就를爲한手段方法에不過한것임으로 聯合組織에있어서도 自主義的運動에必要한方便과力量을獲得하기爲하야 聯合組織에對한領導權獲取의必要를共通하게느끼게될것이다 그러나 聯合組織에背馳되는野卑한陰謀的方法으로써正面의大敵을對付하려는誠意보담他團體人物攻擊에勇敢하며敵의內面의暴露보담 他團體內容暴露에더욱細密하며反日工作의努力보담 幹部級地位爭奪運動에더熱中하는等의行動으로써領導權獲取運動의方法을삼는다하면 이것은聯合組織과決定的衝突의現狀으로表現될것이오 그反對로 聯合組織의共同한政治的目標인反日門爭에對한合理한計劃과 雄厚한力量과 偉大한戰績으로써領導權을 獲取한다하면 그것은(一)의問題에서와같이聯合組織에有力한協助的結果를發生케할것이다

(三) 各團體에對한聯合組織의支配問題

聯合組織은 縱的單一的組織이아님으로거기參加한各團體의運動全體를支配할수없고다만 聯合組織에關係되는 事業의統制的發展을爲한程度에서 그支配權이限定되어야할

것이다 다시말하면 (一)(二)問題中 聯合組織과協助的關係를가질만한모든條件만이 支配程度의基礎가되어야할것이다(一)(二)問題는 下에서上에對한問題 — 組織單位가組織全體에對한問題 — 이오 (三)問題는上에서 下에對한問題 — 組織全體가組織單位에對한問題 — 임으로 (三)問題는(一)(二)問題를下層基礎로하지않을수없는것이다 그러나이러한基礎우에서 搆成된聯合組織의支配權은 그것을行使할만한軍隊警察等의權力的機關을가질수있는것이니 그럼으로그支配權이合理하게行使되고 聯그合組織이有力하게進展되려한면 各團體가運動을爲한政策上 道義上의必要感에依하야聯合組織의모든規約決議를權力化하게하여야할것이다

韓國運動에있어서 만약有力한聯合組織이實現되지않으면 各團體의微弱한自的力量은體對團體의衝突때문에 아므代價없이消耗되고 또그것으로因한不合理한相互反撥作用은外團部關係에運及擴大되야 韓國運動의客觀的有利한條件을 獲取할 方法이없게될것이다

民族問題研究

一 序論

民族은 觀念的 抽想的存在가아니오 가장偉大한 人類歷史의自然的沉澱物이다 그럼으로 民族이發生된以來에 人類의一切形態은生活의 이民族이란存在와 意識的或은無意識的 主觀的或은客觀的의連結的關係를가지지않을수없게되는것이다 그러나民族은自身의內在的矛盾과및그對立的存在와의衝突關係의解決에依하야 自身의發展을成就하게됨으로 人民的階級的生活과 民族存在와의

關係는 單一的으로進展되지못하고 民族對民族의衝突대문에 人民的 階級的生活이 民族的으로被抑壓的地位에處하게되는 一定한時間에있어서는| 民族存在와밋그勢力의發展이 人民的 階級的의生活上護衛的存在로되어지지마는 階級對階級의衝突대문에 階級的生活의向上發展을爲한階級運動의國際的連帶關係가發生되는境遇에있어서와밋그것을高度로發展시기려는目的下에있어서는 民族的存在가階級運動의障碍的存在로되어질것이다 그러나目前世界의趨向은一이民族問題를階級問題보담더욱重要한動力으로하고있으니 이는 民族對民族의 衝突이 階級對階의 衝突보담 더욱廣大한範圍로 더욱優越한勢力으로進展되고있기대문이다 웨그러냐하면 國際關係에있어서 階級生活과階級運動의文化的單位는 「民族」이오 또그政治的 經濟的生活의國際的連結關係도 民族이란牆壁을 完全히超越하게되지못함으로 階級生活 階級運動은 恒常民族範圍內에 局限되는것이많은까닭이다

民族問題다하야 壓迫民族과被壓迫民族을同一한研究對狀으로할수없는것이니 壓迫民族은 人類世界史의進展의反動的存在로되여있으나 被壓迫民族은그것에 反한革命的存在로되여있는것이다

韓國民族은被壓迫民族이다 그럼으로韓國運動者는 韓國民族問題를 革命的으로解決하기爲하야 實踐과鬪爭을더욱合理하기爲하야 民族問題의研究는 甚히必要한것이다

이제우리가 이重大한民族問題를 硏究하랴는問題의內容은이러하다

(一)民族그것의概念을더욱明白하기爲하야

民族發生및發展의過程을 政治 經濟 文化 戰爭等歷史中에서 밝혀보랴하며 同時에民族과階級의關係 民族과國家와의關係를論定하야보라한다

(一)現在民族問題의特質을 抵制把握하기爲하야 帝國主義前時代와後時代의 그것을 分別하야各各그特徵을밝혀보랴하며

(一)韓國民族問題의特殊한條件과把握과및그解決을爲하야 韓國民族運動의發展過程과및各國被壓迫民族運動의一般的情勢를알아보랴하는것이다(未完)

各國革命運動史要

革 命 義 解

中國에서流行되는古典的解釋으로말하는이는革命의原始的解釋을說明하되澤火曰革이니相克性或은相反性을表示하는卦名에서그語根을집어내여 易經에革卦를註釋한古史에서術語를찾어湯武가順天應人한바 簒奪行爲로써革命이라한다 舊君主를집어내고새로統治者가替代하얏다는意味에그치는것이다 西人의字典式說明에意義를찾아보자면國家憲法을急激히變革하는行動이라하고者、或은政治組織에나政府에나憲法에對하야根本的變革을激烈한手段으로써實行하는行動이라하는者、或은人民自身이現存한既成政府를顚覆하고新政府를建立하는行動이라하는者等이있다

한層더올라가서革命의意義를敷演한다면一定한主義에呼應된集團이暴力으로써그네에게對立한統治階級의모든機關을餘地없이顚覆하고即刻에그네의標榜한主義로써새로統治機關을施設하는政治運動이라하겠다

이러한意味로보아主義政綱이없는政權爭奪은革命線에서拒絕되고集團的暴力이아닌散漫한平和運動도 革命圈內에들지못하며對立된統治階級의一部分을改良한 政變도革命範圍에들지못하고새로統治機關을施設하랴는預定이없는附屬的改造도 革命二字에符合되지못한것이라한다

그럼으로王朝에代한李朝나西人에代한東人이나우리歷史上所謂換局이란것은革朝거나內部政權의變革이거나性質上人民自身의多大數의集團的利害에超絕한少數階級의政治演劇이되

엇을븐어니現代式革命의定義로보면相距가매우멀다하겟다

或者는맘하되一切人類에共通한志望이平等地位 自由世界 가아니냐 모든抑壓的工具를모조리撲滅하기에밥븐우리는또다시새로抑壓하랴는野性劣根을븐아바리자決코政府나國家나其他機關의工具即統治的施設을어더한方法으로나人類의미리우에다시세우지말자한다以暴易暴의惡例를因襲하지말자한다그러나現代人類로서는統治機關을相對的으로否認할수잇으나絶對的으로는否認하기어렵다二民族의우에섯는또는一階級우에잇는統治機關은顚覆할것이나그네들의手中에서創造된새로운統治機關은擁護하지안으면안된다一階級對他階級一民族對他民族의關係도이와갈다理由를달하자면統治機關의再建設이업시는舊統治階級의捲土重來를防止할수업다하는대문이며自身의新勢力을保障일수업는대무이라한다이것이革命의矛盾性이다譬하면強盜의贓品을回收하기爲하야우리의武裝으로賊의武裝을解除하는同時에賊의侵占한一切를回收하되우리의武裝은賊의再襲을防止하자는때문에決斷코自手로써武裝解除에甘心치안는다하는우리로서다시強盜가되야人類에게犯行하자는本意가아니오오직回收한物件을永久完全히保障하자는때문이다그럼으로우리는國家라는武裝에서 政府라는軍械를放手하지못한다는理由가이것이다

或者는말하되우리는獨立運動에잇고革命運動에잇지안다한다敵日本에서分離하야民族的國家의獨立을成就함으로서目的하는때문이라한다 다시말하면倭놈은 日本統治階級에對하야革命者로自認할수잇으나우리는敵治階級에對하야同族然하게倭놈과갈이革命者로서의態度가아니라對立한他族의立場으로獨立運動者로만自處하자한다또달하되倭놈은倭놈으로서의新政治만을要求할것이나우리는우리로서의新國家를要求하지안느냐한다

文字의用語로달미암아感情의分歧或은衝突까지잇슴을가하야다시말한다

革命의內容을이미確定한故로그內容에基因하

야말할뿐이니假使韓國에있는革命運動의集團이一定한政綱과主義로써그네의暴力을使用하야그네우에對立된日本의統治機關곳敵将府以下都市各郡의軍 警 政 學 交 郵 鐵 醫 銀等各種機能을모조리顚覆하야그뿌리를뽑은후即時그네의主義로써一切機能을再建하얏다하면이것이곳完全한獨立이아닌가要컨대그集團의主義政綱如何를물을것뿐이오革命이라거나獨立이라거나의用語에形式的執着을가지지말아야할것이다反面獨立이란用語에包括된懷疑를말한다면君主獨立 民主獨立 中立獨立 內容上無主義無意識한形式上獨立도업지않으니獨立이라는名字로써萬般을代表할수업는弱點도언지않다運動하는方法도獨立二字만으로는表現되기어려우니或者는宗教的或者는外交的으로만을힘쓰는派도잇지않은가이點으로본다면革命은目的과手段에一貫한表現이되이기쉽고무조건으로獨立二字만을表示하면付帶說明을要求하게될듯하다

本題目에獨立運動史要라할가革命運動史要라할가名相의取捨도업지않은때문에餘談이나마數言을말지못한所以이다

一、東學의革命

革命은一種手術이니重病의威脅이아니면手術의冒險的治療가要求되지않을것이다 우리나라는歷代로貴族政治 (羅麗의末期) 士族政治(李朝) 等傳統的閥閥主義에一般民衆은驅使奔馳되는一隊犬羊과같아섰다李朝五百年의積滯한모든秕政과惰習과腐化는多數階級의生活을破產케하고生命을恐嚇하야어찌할줄을알지못하게하얏다土地制度의紊亂 租稅課賦의紊亂 賦役의不公平 盜賊의橫行 官吏의貪虐 士族의墮落 外勢의侵凌모든內憂外患的禍患萌芽가下層社會에깊은뿌리를박아 것잡을수업는動亂의潮水가時期를기다리엇다

甲午三月間에一揆騷動이全羅古阜에서抬頭하게되여五六萬의群衆이白布를쓰고黃旗를잡고地方官을亂殺하며倉庫로闖入하야米穀軍械를掠奪하는 氣勢이자뭇洶洶하얏으며그네의四大口號는(一)不殺人不傷物(二)濟世安民

(三) 逐滅倭夷 澄淸聖道 (四) 驅兵入京 盡滅權貴 大振綱紀 立名定分 以從聖訓이라고무시무시한文字를날니며檄文에는

聖明在上 生民塗炭 民弊之本 在吏逋 吏逋之根 由於貪官 貪官所犯 由於執權之貪婪 嗚呼亂極則治 晦極則明 理之常也 今吾儕爲民爲國 豈有吏民之別哉 究其本 則吏亦民也 各公文簿之吏逋民弊之條件 其具報來 將有區別之方法 其急速來報 勿稍稽遲 吾儕今日之擧止 在上保宗社 下安黎民 賭死爲誓 其勿因是而慈動 玆擧將來應施正者如左 (一) 轉運營之吏弊 (二) 均田官之弊 (三) 各市井之分錢收稅 (四) 他國潛商之峻價 (五) 食鹽市稅 (六) 對於各項物件取都賈利 (七) 白地徵稅等其弊病不可盡述 凡吾士農工商四業之民 得同心協力 上輔國家 下安瀕死之民生 豈不幸甚耶

以上의揭한바口號와檄文을보면革命의對象이君主에있지않고貪官과稅制를目標로삼아밖으로倭敵과안으로權奸을掃蕩코저하얏다이것이나마一定한主義와政綱의表示로아니볼수업고 當時東學은 五六萬의起事로全國을風靡하얏으니一大集團의行動이며到處에殺人放火兩班打倒富豪報復等行動이一種暴力의發動이며當時所謂統治階級의主力部隊인官軍과統治派의走狗或은前導隊인所謂儒林과士族에對하야假借업시革命的鋒芒을날리엇으니무엇으로보든지革命行爲의雛形이具體하얏섯다다만宗敎의舊殼을벗지못하고呪文과雜術로써群衆을휘동하는工具를삼고預言과秘記와流誕한詐欺로써革命軍의愚拙한心理를鼓動코저한것은비록當時의一種方略上不得已한일이엇다할지라도決코革命의本質上있을수업는誤計이엇다그러나國防軍의力量이東學黨의氣燄을對敵하기에넘어單薄하야 政府는公公然하게滿淸官軍의힘을借來하개되야畢竟革命軍의凱旋을보지못하게되엇으니民族史上에못박힌汚點이엇다

이에東學의起原과失敗의緣由를말하건대 (一) 政治의腐敗 (二) 壓制의反動 (三) 兩班卽

士族階級의橫暴(四)民生의破産(五)新思潮의影響이그主的原因이오(六)趙秉甲의虐政(七)崔濟愚의慘刑(八)大院君의煽動等의그의박여쇠를붕기게되엇다失敗의緣由로말하면(一)一時的權術이長久한革命性을부리박지못하게된것(二)兩班勢力과士族의力量이外兵의乘機侵入과合流된것(三)近代式組織과外交上後援이업섯던것(四)主將이잡힌후다시後繼的人物이업섯던것等等이失敗를부른最大原因이엇다

이에다시東學의起原을말하자韓國의歷史的迷信은南朝鮮鄭道令等에集中되야新天地가新人物에서創立된다하

「벽돌將軍」

光武十一年夏에倭廷이所謂七條約의案을提出하야我韓을脅威할時에京城衛守兵의反抗을慮하야韓廷逆臣李秉武李完用에게密囑하야兵士의外出을嚴禁하여外界消息의營內流入을防止하더니 此時에侍衛第三隊의下士金公(史失其名)이七條約의將成함을密히探聞하고武裝을具한身으로營庭에立하야大號하여曰「七條條이將成에國亡이在即하니軍人의身된우리가어지營內에幽閉되야國亡을坐視할가我輩의所持한槍劍은國을保衛키爲함이오人의觀瞻을壯케하기爲한이아니라此槍劍으로써仇敵된倭를射擊할지니在營한戰友諸位는急起하라」함에在營軍士六百人이一齊히起하야庫內에儲藏한彈丸을爭取하야人人이一死報國의心이皆有한지라 金下士는直히身을先히하야六百의戰友와共히鍾路로進하야 倭의憲兵營을攻破하고倭의警隊를攻하니 京城에駐屯한倭軍司令官이此報를接하고急히龍山에在한倭軍一旅를動員하야京城을包圍攻擊하거날野下士는此에應戰할時에磚壁에倚하야射擊하얏는데倭軍의機關槍彈이磚壁을亂射하야無數의磚片이金下士의面部에亂入되야斑點을滿成한지라是以國人이金下士를벽돌(磚文)將軍이라稱하더라 金下士는衆寡不敵으로倭軍에게捕獲한바되엿는대身에는蜂巢와如히彈痕이有하야倭軍營內에서最後를遂하엿더라

야李朝에對立할後從者로信仰하는者가자못적지안앗다哲宗十一年間一八六〇年庚申에慶州士人의左族崔濟愚가西學에對立하야東學을提倡하얏고其後大院君의天主敎虐殺의影響으로廢名就實의形태가잇는主儒佛仙三敎를包含한花郎의餘風을不知中因襲하야人乃天이라는主張을세우어一般被壓迫階級에宣傳하얏다士族階級과一般官吏은惑世亂民이라嫉視하야其翌年에崔를極刑에處하얏으나崔의極刑이東學을根滅하는政策이되지못하고反比例로東學의氣勢가漸漸社會內部로浸入되엇으며東學과는別種의派別이나 哲宗十三年四月에晋州에누가首唱한지알수업는民搖가일어나貪官과土豪를打倒하는一揆暴動이일어나三南一帶가자못擾亂하얏으니俗所謂 『晋州등』 이라하는亂離엇다當時金炳冀의勢道는惡政悖習으로더욱어合流하야全國人民에게「革命的錄火를들어라」하는間接原動力을製造하얏는故로東學의뿌리에적지안은肥料가되야甲午年와서全奉準에이를어革命의旗발을날리게까지되엇다日本은甲午二月間金玉均의被殺과同年六月中國軍隊의韓國侵入을理由로하야中日의開戰으로판을막고東洋大風雲을비롯하게되엇다

(次號에는各國革命運動史를紹介하겟음)

重要消息

韓國對日戰線統一同盟之經過

昨年十二月中에中國에在한各團體代表가互相接洽한結果聯合機關으로「韓國對日統一戰線統一同盟」을組成한事實은一般이다아는바어니와探聞한바依하면該同盟의性質은協議機關으로暫定한것인데그後에美布各地에在한여러革命團體가此에더加盟되고支部의設立도有하다는데 該同盟은臨時議政院及臨時政府를通야하軍事外交等 切革命工作의步調를一致히하고一面으로는韓中民衆大同盟을結成하야 昨春에該盟代表를美布各地에派遣야하美國人士와當地에僑居하는中國人士에게我韓의運動槪況과敵의强暴한政策如何를宣傳하고當

英米之海軍擴張

遠東의防務를더욱強固하기爲하야英國은新加坡의海軍根據地의鞏固를爲한各種工程을急速進行中이오美國은參議院에서二八四、七四七、〇〇〇元의海軍經費案을通過하고各種軍艦을製造中이라한다

蘇俄外務長演說

소배트外務人民委員長리트비노프는十二月二十九日中央執行委員會에서日本及德國의戰爭準備및極度의挑戰的態度를攻擊하고더욱이日本에對한軍事的防務의必要를力說하는同時에沿海州帶의軍事的防務의擴大를主張하엿다

荒木之辭職

日本의陸軍大臣荒木이稱病辭職하엿는데그裏面의重要原因은軍費의澎漲으로財閥이軍閥을仇視하며人民이負擔過重을　하고荒木이發布한聲明書로軍民의軋轢이益히明顯됨이라더라

義太利首相之排日聲明

今　首春에義太利首相무소리니가義國政府의首長된公人資格으로排日聲明을公然發布한지라　日本政府는方히狡詐의術을盡하야列國의諒解를哀求하던터에此聲明의公布를突見함에急遽히駐義日使에게抗議提出을電訓한바該日使는嘆願의意味로뭇소리니에게交涉하얏스나何等의效果가無하고　此에由하야義國의各報紙는異口同調로더욱日本을攻擊함에激烈하더라

編輯部啓事

同人等이本刊物에對하야全體運動者의要求에妥當하도록努力하자하엿으나倉卒間모든設備의不足且時間의怱忙等關係로十分疎忽을免치못하엿음을敬謝하오며來號로붙어는힘굿周旋하야우리의素志와各界의公眼에滿足하도록힘쓰겟나이다　또는各界明達께서만은原稿를보내주시기바라나이다

編輯部同人啓

地僑胞가韓中民衆大同盟에寄附한金元을搬來하야中國義勇軍과協同抗日하는武裝同志에게發分金元을付送하고自定한「計劃大綱」에依하야諸事業을實現키로努力中이라는데今春에는某地에서各團代表大會를開한다하더라

臨時政府之新閣組成及就職

昨年十二月頃에臨時議政院에서는定期議會를開하엿는데前任國務委員은滿期解任되고新國務委員 金奎植 金澈 梁起鐸 成周寔 宋秉祚 尹琦燮 曺煜 趙素昂 崔東旿等九人이選擧되엿음으로新國務委員은今年一月에國務會議를開하야各部의主務責任을互選한結果 內務長에趙素昂 外務長에金奎植 軍務長에尹琦燮 法務長에崔東旿 財務長에宋秉祚等이當選되고新國務委員의聯署로就職皆辭를頒布하엿다더라

上海韓人僑民團之消息

今月某日本埠某處서에上海韓人僑民團政務委員會에서는民團事務의積極進行을爲한討議와決定이잇엇더라

間島之地人民革命政府成立

（林吉通信一月廿八日申報轉載）

吉林延吉縣內에王隅溝 石人溝 花連里 長仁溝 葦子溝等地와汪淸縣內의泗水坪等地를人民革命政府의區域으로하고打倒日本을目的한組織宣傳 暴動等의工作을進行하는同時에 該區域內에住居하는人民의治安維持와産業指導를하고잇으며 政府組織者와 工作人員은韓中兩國人인바指導者와行動人員의絶對多數는韓人이라하며 子彈火藥等物은自製使用하는데 製造者는일직獨立運動에努力하든郭相擧이라한다

內蒙新疆西藏等之獨立運動

內蒙은綏雲二舊王을中心라고日本을背景으로하야 新疆은回族의一酋長인和闐와喀什噶爾地方의一商人出身인畢脫杜摩拉을中心하고 英國을背景으로하야 西藏은達賴라마後繼者를中心하고英國을背景으로하야 各各獨立運動을進行한다더라

己未以來獨立運動之一覽表

甲申以來甲午까지乙未後乙巳丙午庚戌年乃至庚戌後己未年까지三四十年間獨立運動에犧牲된先烈의事實을統計的으로紹介하고자하나 爲先最近事實即一九一九年三月一日以後一九三三年까지國內外에서活動한우리의大事를統計的으로整理하야一覽表를造成함은對外宣傳의必要로만功效가잇다할것이아니라우리運動者自體로우리의過去를總算하야써將來의進路와方向을決定할必要도有하다統計表中에列擧된것은大體로南北滿洲에서國境附近의敵巢를掃蕩하든戰爭史가大部分을占하고己未年獨立宣言當時及其後에鬥爭하든民衆的示威運動이가장重要한要素라하겟다一個民族이異族의抑壓에對한鋒火로그猛烈英勇悲壯慘絶한繼續的血戰이十五六年을하로갈이前仆後繼!百折不退!의氣燄을示하는것은아마他民族史上에匹儔를보기에렵다하것다이는一個偉人이나幾個先衆의揮動이아니오一個集團이나或은局部發動의結果도아니오오직全民族的總動員의結晶이다앞으로는이피!이는뭄!로最後勝利의戰場으로突進다야우리의仇敵日本의暴虐을計劃的으로撲滅할뿐인뎌。

A 四二五二年度(一九一九年)

韓國及西北間島韓人活動總計

1 活動區域……………911府郡
2 示威回數……………1542回
3 示威人數……………2,023,098人
4 殉國人數……………7,509人
5 被傷人數……………15,931人
6 被囚人數……………46,948人
7 被燒敎堂……………47座
8 被燒家屋……………715座
9 被燒學校……………2座

B 一九一九年十月至同年十一月二十三日

在西北間島韓人活動總計

1 殉國人數……3,089人
2 被燒家屋……2,507座
3 被燒穀物……33,805石
（ABC兩表殉國合計）
1 殉國統計……10,598人
2 每月平均（八個月）……1,325人

四二五三年度

1 獨立軍起事回數……1,657回
2 獨立軍出兵回數……4,698人
3 殺敵人民……28人
4 傷敵人民……22人
5 放火敵戶……30戶
6 放火貽損敵戶額……17,380圓
7 徵發軍資金額……14,624圓
8 捕獲敵方人數……○人
9 襲擊敵營署……13處
10 殺敵警官……6人
11 傷敵警官……11人
12 襲擊敵官署……9處
13 殺敵方官吏……24人
14 傷敵方官吏……36人
15 韓國內交綏回數……49回
16 華界交綏回數……34回
17 陣亡人數……1436人
18 負傷人數……人
19 被奪槍械……95枝
20 被奪彈藥……25箱
21 被俘件數……946回
22 被俘人數……2413人

四二五四年度

1 獨立軍起事回數……602回
2 獨立軍出兵額數……3,148人
3 殺敵人民……24人
4 傷敵人民……21人
5 放火敵戶……27戶
6 放火貽損敵戶額……16,942圓
7 徵發軍資金額……18,982圓
8 捕獲敵方人數……10人
9 襲擊敵警署數……9處
10 殺敵警官……6人

11 傷敵警官……11人
12 襲擊敵官署……3處
13 殺敵方官吏……3人
14 傷敵方官吏……2人
15 韓國內交綏回數……73回
16 華界內交綏回數……87回
17 陣亡人數……259人
18 負傷人數……—
19 被奪槍械……185枝
20 被奪彈藥……30箱
21 被俘件數……630回
22 被俘人數……2401人

四二五五年度

1 獨立軍起事回數……307回
2 獨立軍出兵額數……2•127人
3 殺敵人民……29人
4 傷敵人民……21人
5 放火敵戶……24戶
6 放火貽損敵戶額……29•725圓
7 徵發軍資金額……30•335圓
8 捕獲敵人數……17人
9 襲擊敵警數……18人
10 殺敵警官……9人
11 傷敵警官……16人
12 襲擊敵官署……1處
13 殺敵方官吏……人
14 傷敵方官吏……3人
15 韓國內交綏回數……69人
16 華界內交綏回數……89回
17 陣亡人數……219回
18 負傷人數……人
19 被奪槍械……99枝
20 被奪彈藥……28箱
21 被俘件數……242回
22 被俘人數……315人

四二五六年度

1 獨立軍起事回數……454回
2 獨立軍出兵額數……3797人
3 殺敵人民……53人
4 傷敵人民……38人

（17面　落張・脱漏：編者）

（18面　落張・脱漏：編者）

震光

第一號

(4267年)

要目

Jan. 1934.

震光創刊所感

在中國領土內外國人所經營報紙、如字林報大美晩報上海時報及其他法德俄日等民族所刊行者、種類極多、北京天津香港等地擅名報界之外字刊物、時有所聞、而概屬代表商界或外交當局之半官報、至若宣傳弱少民族之被壓迫狀況、幷闡明革命之眞理、毅不顧生、拮据從事於民族獨立如三韓人士之刊物、寥如曉星、河因失國者小、而有國者多、流離失棲者、困於自存、而揭揚殖民於外、伸其毒舌權取爲能者、務於施爲、而急於欺瞞騙詐、宜乎黨人之紙無多於此、而代表帝國與資主之喉舌、肆其鼓簧者有餘於彼也、

讀者眼光、慣於時俗、故凡屬演戲劇本之戀愛冒險偵探強盜殺人放火等惹人耳目之記事、則反覆愛讀誦之傳之、自呆爲時髦話題、反之凡屬弱少民族羇旅之士所刊行者、呻吟咀呪罵倒激盪洩憤吐恨動輒忤人時政逆人恆情之事、偶然寓目、不勝乾燥、如嚼蠟燭焉、凡人之情、豈肯偏僻於彼此而故反其愛惜之性於強弱之殊歟。

辛亥以前韓人之華文月刊、在上海有泰東新報者始放呱呱之聲、遐邇同黨、喜得其名幷祝其壽、而有實不幸、東鐳於一月之暫、辛亥革命後有刊震旦週刊者有刊香港雜誌者、皆韓人所經營之華文報、亦因培養失其道、願復遂其方、一線彗星幻出幻滅、其他如韓人韓文之報、曰天鼓、曰新韓青年、曰海潮新聞、曰勸業新聞、曰青邱日報、曰獨立新聞、曰新大韓曰革命青年、曰導報、曰韓報、曰三一申報、曰革命公論者、先後抬頭於多事之際、同人等未管不擁護持支傾力注精焉、亦終歸空使數年或三四年之後、人渺然將其名目而忘之、噫韓人之文字事業何獨艱險不測之多至於此乎、以今計之、惟槪香山之太平洋雜誌、國民報、及舊金山之新韓民報等、僅保其生於滄海之外、同人等在此種情勢中、復期一種宣傳之務、發刊「震光」、震光之職能與本務維何

（一）震光以宣傳韓國獨立運動之眞相、幷促進友邦之聯絡感情、進以謀協力共事、剷除共同仇敵爲本能

(一)震光以收輯列國革命過程之一切因果比較剖擘捨其皮殼吸收眞髓俾有所補益於韓國之民族運動爲職責

(一)震光以暴露仇敵之對韓虐政及對中國領土侵略欺瞞偵察離間分化等實際與內幕促進被侵略方面之猛省免墮奸策爲要務。

(一)震光以嚴密清算自體之過去誤謬重整旗鼓集中力量最短期內組立一個整個的統制機關啓示民族的革命工作之進路爲目標。

(一)震光以鼓吹民族意識整理自體陣線幷極力訓練黨人及民衆在技術上精神上做得健全的活動分子爲口號。

(一)震光以組織武裝黨人立即編成獨立軍在某種時機俾足以對壘敵陣爲核心。

(一)震光以大公無私之革命立場捐棄宿怨舊怨另劈嶄新的途徑最短期內納其人於理論的範疇創造大衆的集團打破羣割自豪之遺殼爲手段。

(一)震光在原則上否認國史上之士族專制土地兼幷之制度以及現代的帝國主義與資本主義提倡全民的政治經濟教育之民主均等制度進與化成天下是其究竟「震光」根據以上八個主張謀全韓國獨立運動者之報道機關特用華文月刊一次其將爲彗星歟其將爲日月之久其詩而照其明乎

韓國新報小史

㊀、高麗忠烈王元年（公曆一二七五）李淑成進議奏西宣旨令承宣（官名）奉朝令作爲記事署名報呈於係諸道長官謂之消息是官報之第二期

㊁、朝鮮依高麗制代有消息（News）至光武皇帝丙申（公曆一八九六）創刊韓字及英文兩種日報名曰獨立新聞至戊戌年九月創刊皇城新聞及帝國新聞光武九年八月十日（一九〇五）創刊大韓每日申報（英韓兩種）獨立新聞爲徐載弼等獨立協會之所立皇城新報爲南宮檍羅壽淵等志士之所營每日申報爲英人裴說及韓國志士梁起鐸等之所立其他如李鍾一李承晚等之韓字報帝國新聞與世昌等之萬歲報大韓協會之大韓民報等次第而起皆志士所主

㊂、庚戌以來韓人報業絕跡一九一九年宣言後東亞日報朝鮮日報中央日報等執牛耳於京城而十之八九被削除停刊封廢禁錮等禍

韓華民族革命之聯鎖關係

天地一彈丸人類一細胞擴大言之曰世界之廣大無量人類之種族至繁相視漠然似不相關若縮少觀之曰民胞物與天地與我同根萬物本吾一體是觀點之殊而非天地自身有伸縮也伸之盈天地縮之局一黍大之溢乎四海之表小之納乎股掌之間是主觀之有差而非客觀之變動也乃若究其本相詰其眞諦則大小伸縮之觀固無傷於宇宙何以言之毋增減也毋生滅也無絶對也無眞僞也故不足殺辨於此而宇宙固自若也其自若之中有不可磨滅之生命動乎中而不暫相捨之原理現於外外如相捨內實不相捨離脈脈相通節節相貫因因相隨果果相承纏綿糾聯斷之不可斷離之不能離相反相克之中如見相引相合之勢永遠勾結不相捨離本末因果如環無端其勢也至大至強其氣也極勇極豪雖以帝王之威不足以抗其權以絶世之雄不能拒其來是何物吾不能名之強號謂之「聯帶的相應力」

大哉「聯帶的相應力」至哉「聯帶之相應力」一動可以位天地再轉可以立萬物三轉可以興亡繼絶是孰使之然歟固天地必然之勢而非人之安配佈置計較思量所可致也故曰不可抗之勢莫大於聯帶的相應力哲人以之立其妙詔萬世而不窮豪傑以之借其勢處艱險而不敗科學者以之演繹歸納而制之應用於革命之線驅萬邦而不遺雖然是一部人類借用之相耳豈其本體之謂耶若其本體乎則澒濛玄冲冲漠無相電馳而不見其貌雷聲而莫測其跡恍兮惚兮微而至而使天地莫逃於其軌萬相輸其跡而莫能脫而況一個細胞中最接密邇之韓華革命乎有欲捨此而謀民族革命於韓華者乎則無異乎排斥元氣掩鼻口而拒呼吸吾以此勉我友邦幷以勉同人焉

中國革命黨檄文之一節（辛亥年東京萬朝報譯載）
大道之行天下爲公國有君亦是曰人權平等自由樂天歸命以生爲體以法爲界以和爲德以衆爲於一人橫行謂曰獨夫

韓國獨立宣言之一節（己未年三月一日）
吾等玆宣布我韓國之爲獨立國韓人之爲自主民是天之明命時代之大勢天下何物莫能沮止

李舜臣龜船之研究

李舜臣諡忠武韓國宣祖時名將倭寇犯韓時陸軍有權慄海軍有李舜臣明神宗歷派援軍如李如松陳璘宋應昌邢玠董一元李承勳等前後援軍十有六萬六千七百餘人費糧餉八百八十三萬兩轉戰八年大破倭寇是韓華兩國對日戰史上最大事尤其所謂龜船者英國海軍史所云鐵甲艦之鼻祖日本海軍參謀部最加研究甚之謂東亞乃耶遜之稱當時制勝厥惟龜船之效以今思之雖一陳跡而敵勢日形猖獗武器軍械百千倍蓰撫古思今不覺茫然今據韓史及李忠武全集各種文字介紹龜船之為何物

一、國朝寶鑑——先是舜臣大修戰備自以意造龜船其制船上鋪板如龜背上有十字細路容我人通行餘皆列挿刀錐前作龍頭口為銃穴後為龜尾尾下有銃穴左右各有銃穴六藏兵其底四面發砲進退縱橫捷速如飛戰時覆以編茅使刀錐不露賊超登則陷於刀錐圍掩則火銃齊發橫行船中我軍無所損而所向披靡以此制勝

二、芝峯類說——我國戰船制甚宏壯人言倭船數十不能當我國一戰船李舜臣為全羅左水使創智造船上設板蓋形如伏龜謂之龜船至壬辰用以制勝皆賴於舟楫之利也然元均代舜臣則以百餘戰船敗覆無餘舜臣代元均則以十三戰船摧破六百艘蔽海之賊亦在乎得其將材耳

三、亂中雜錄——以全羅左水使李舜臣兼三道水軍統制使舜臣率諸將結陣閑山島與巨濟之賊對壘不閱月而守備已完時出龜船討捕倭船賊畏縮不敢出欲右沿路及湖南一面賴以平安

四、和國志——李忠武之百戰全勝蓋不獨奇正之錯出忠勇之迅奮也舟楫之所長有以制彼之所短曾聞壬辰初國城人諸萬春被縛入倭國在脇板氏之家見北犯諸賊報秀吉之書有

稱朝鮮人善水戰大異陸戰且船大而行疾樓牌亦堅厚銃丸俱不可入而我船遇之則盡被摧碎云云據此則彼我舟楫長短可知也

五、擇里誌——時倭水軍自南海北上水軍大將李舜臣住鳴海上打鐵鎖橫亘於梁上以俟之倭船至梁上冒於鐵鎖倒覆於梁下梁上船不見底不知其倒覆之由意其踰梁而順流直下皆倒覆且水勢迅梁益急船已入急流中不暇回旋故五百餘敵船一時全沒隻甲不存蓋其時沈惟敬給倭使久留平壤倭則欲待水軍偕上故又佯示守信欲給之以須後而水軍不至李如松於兩相給中得間而擊破之此天也苟非李舜臣覆倭於洋中不越數十日倭船可達平壤水軍至則倭豈守惟敬之密約而不經兵乎其時人不知此以區區封貢之詐謂可得倭情良可笑也然則李如松平壤之捷即李舜臣之力也後明水軍將陳璘住兵海上丙申丁酉間倭以水軍連犯海岸諸縣舜臣善水戰屢破倭獲倭首級輒以與璘使上功璘大喜移書朝堂曰統制使李舜臣有經天緯地之才補天浴日之功云云璘以舜臣故得賊級最多及戊戌撤歸璘所上首級獨多於諸將後見明史論東征功以璘爲首至於裂地受封中國又何以知此爲舜臣之功耶

六、海南縣志——鳴梁在右水營三里之地而水勢悍急波聲轟殷南邊石山簇立港口甚狹公以鐵索橫截於水中如蟲之項賊到此罹索倒覆者不知其數兩邊巖上釘索之孔至今宛然人皆謂之李忠武設索殺倭處

七、李舜臣著唐浦破倭兵狀啓——……臣曾慮島夷之變別制龜船前設龍頭口放大炮背植鐵尖內能窺外外不能窺內雖賊船數百之中可以突入放砲今行以爲突擊將所搭而先令龜船突進賊船中先放天地玄黃各種銃筒……臣益督勵促櫓先登直擣其船則諸將一時雲集鐵丸長片箭皮翎箭火箭天地字銃筒等發如風雨各盡其力聲振天地賊重傷顚仆扶曳奔走不敢前進……倭船全數撞破焚滅

八、李舜臣著釜山破倭兵狀啓——……探査

賊船大概五百餘隻船渝東邊山麓岸下至列泊而先鋒倭大船四隻邀出草梁項云即與元均李億祺等約束曰以我兵威今若不討則賊必生輕侮之心乃指旗督赴右部將鹿島萬戶鄭運爲船突擊將軍官李彥良……等先登直追賊先鋒大船四隻即被我船撞破焚滅仍此乘勝揭旗擊鼓長蛇突前賊船四百七十餘隻望我威武畏不敢出及其諸船直擣其前則船中城內山上穴處之賊持銃筒挾弓矢舉皆登山分屯分屯六處俯放丸劍如雨如雹至於發射片箭一如我國人或放大鉛丸大如木果者或放水磨石大如鉢塊者多中我船諸將等益增憤惋冒死爭突天地字將軍箭皮翎箭長片水箭鐵丸一時齊發終日交戰賊氣大挫三道諸將幷力撞破賊船百有餘隻急於破船斬頭無暇欲抄諸船勇士下陸盡殲而凡城內外六七處屯立之賊騎馬示勇竊惟無馬孤軍輕易下陸亦非萬全之策日且奄沒若入賊陣恐有腹背受敵之患………

九、鳴梁大捷碑文（李敏叙著）………丁酉九月統制使李公統舟師追賊於珍島之碧波亭下大破日本賊於鳴梁之口賊由是大創不敢窺海右通湖圻其明年賊遂罷兵歸世謂中興戰功公爲第一而鳴梁之戰最奇云蓋公初以全羅左水使聞賊至慷慨誓衆進兵於嶺南界中邀擊沿海賊初戰於玉浦再戰於唐浦復戰於固城之唐項浦皆以少擊衆殺賊無算卒乃大捷於閑山威震海隅乃進拜統制使悉總三道舟師仍屯閑山數歲賊不敢復掠海路至是賊再舉大至懲前之敗若怯專力欲衝海道直上時公方被誣逮命以白衣從元帥俄復授舊職於是元均已代公大出迎賊軍遂陷盡喪其舟師器械蓄積而閑山已陷矣顧公乘喪敗之後無兵可戰間關走海上稍收亡卒得戰船十餘艘遂進扼鳴梁賊至者棲檣蔽海公督諸將追船當海之隘口連絙下碇截中流待賊鳴梁地迫陝潮方盛水益急賊從上流乘潮掩之勢若山壓士卒無生意公意氣益勵乘機齊擊將士皆殊死戰船出入如飛砲火四起海水盡沸賊船焚燒撞碎沈溺死者不可勝數賊遂大敗遁去………

十、顯忠祠上樑文（任弘亮著）——木屑竹頭陶士行之綜理伏波下瀨漢將軍之規模板屋楯樓創龜船之妙制金釘鐵鎖截鰌海之橫流………

十一、龜船頌（李秉模著）——………若夫水戰而有城郭之防師行而有壁壘之固不甲胄而遮衛非干盾而蔽身萬衆蜉蝣百里一瞬我逸敵勞我攻而敵不能攻我者其惟龜船之用乎此吾宗忠武公之所創造也公嘗用此破倭船三百艘開鎭閑山控制兩湖遮截西海蔚爲中興名臣之宗功存社稷名聞天下其縱橫奇變之略雖非後人所可窺測即其寓於器者而摸索之則亦足以論其萬一也蓋聞公昔當穆陵之朝深發島夷之發既受水軍節度之命大修戎政鑄鐵鎖橫斷海港倣蒙衝門艦之古制而參伍新意爰作龜船其爲制上覆以板而列爲錐刀利鐵中藏櫂夫武士以運以轉縱其前後兩廂以發砲矢敵之從上而來也者芒刃而棘之從四面而來也者丸鉛而淌之彼方救死扶傷之不暇我則如故風濤可淩也矢石可犯也拍竿可揷也可戰可守可遲可速居有突堂之安士無暴露之憂豈非兵法所謂先爲不可勝而待敵之可勝者耶其形偃然若龜之隱故曰龜船取其形也或曰龜甲蟲也於卦爲離外剛內柔有戈兵之象焉取其象也………頌曰船以龜名創自我公爰像其形用代艨艟鵰首則凡鷁尾非奇浮疑出洛伏似負坻口丸噴散如風雹背刃森束燦若星灼鯨濤浩蕩視若平陸左揷右抵風驅雷馳我則加人人莫我窺敵艦雲集觸之霜解島夷褫魄相視驚怪倏忽東西疑鬼疑神制不師古用之在人倣而像之器則如舊神而用之孰繼公後苟非其人器則爲虛是用作頌敢備衣御

十二、李忠武公全書——龜船圖解——龜船之制底版聯十長六十四尺八寸頭廣十二尺腰廣十四尺五寸尾廣十尺六寸左右舷版各聯七高七尺五寸最下第一版長六十八尺以次加長至最上第七版長一百十三尺幷厚四寸艣版聯四高四尺第二版左右穿玄字砲穴

各一紬版聯七高七尺五寸上廣十四尺五寸下廣十尺六寸第六版正中穿穴徑一尺二寸揷舵左右舷設欄欄頭架橫梁正當鱸前若駕牛馬之䠞沿欄鋪版周遭植牌牌上又設欄自舷欄至牌欄高四尺三寸牌欄左右各用十一版（俗名龜背版）鱗次相向而覆蓋其脊一尺五寸以便竪桅偃桅鱸設龜頭長四尺三寸廣三尺裏爇硫黃焰硝張口吐烟如霧以迷敵左右櫓各十左右牌各穿二十二砲穴設十二門龜頭上穿二砲穴下設二門門傍各有一砲穴左右覆版又各穿十二砲穴揷龜字旗左右鋪版下屋各十二間二間藏鐵物三間分藏火砲弓矢槍劍十九間爲軍兵休息之所左鋪版上屋各一間船長居之右鋪版上屋各一間將校居之軍兵休則處鋪版下戰則登鋪版上納砲於衆穴銃放不絶按忠武公行狀云公爲全羅左水使知倭將叛創智作大船船上覆以版版上置十字細路以容人行悉以錐刀布之前龍頭後龜尾銃穴前後左右各六以放大丸遇賊則編茅覆之以掩錐刀而爲先鋒賊欲登船則揷錐刀欲來掩則一時銃發所向莫不披靡大小戰以此收績者甚多狀如伏龜故名龜船明兆鉦游防議云朝鮮龜船布帆竪眠惟意風逆潮落亦可行云云即指公所創之龜船也然而未詳言其尺度今統制營龜船蓋出於忠武舊制而亦不無從而損益者公之創智制船實在於全羅左水營而今在水營龜船與統制營制略有異同故附誌其狀於下

全羅左水營龜船——尺度長廣與統制營龜船略同而但龜頭下又刻鬼頭覆板上畫龜紋左右各有二門龜頭下砲穴二　板左右砲穴各一舷欄左右砲穴各十覆板左右砲穴各六左右櫓各八

十三、創作年代——據李忠武公全書年表云辛卯二月拜珍島郡守未赴任拜加里浦僉使又未赴任陞拜全羅左道水軍節度使至同年三月知倭寇必來公令本營及屬鎭修戰具造鐵鎖橫截於前洋又創作戰船大如板屋狀如伏龜故名龜船（時公年四十七即倭寇犯韓前一年公曆一五九一年明神宗十九年也）

全羅左水營大捷碑

……消惜亂初公職在湖南官守有限以國害爲突義勢張爲己責除南海的武地玉浦之戰露梁之戰唐浦之戰梁浦之戰閑山之戰安骨之戰焚燒賊舟二百二十餘艘斬首五百九十餘級溺水死者又不計其數賊始終不敢近公寨下與陣閑山以遏賊衛至于丁酉代新血指閑山敗沒於是舟師敗將奔卒及南土之民鷲杳欲一口齊聲曰李統制若在豈使此賊窺湖南一步挽哉朝廷急而求公再爲前職公單騎召收遊陣哨粟猝過夜以用少致死以十三孤軍之舟當六萬蔽海之寇致敵殲三十實勇以前賊遂退遁……

韓國革命運動與敵勢之抄錄

韓國內敵警費之逐年增加

年度	警察費
一九一八年	八百萬三千九百六十七元
一九一九年	一千七百七十三萬四千七百元
一九二〇年	二千三百九十四萬八千四百元
一九二一年	二千一百九十六萬四千九百元
一九二二年	二千二百二十五萬六千二百元
一九二三年	二千二百六萬七千五百元
一九二四年	二千一百九十七萬三千七百元
一九二五年	一千九百六十七萬餘元
一九二六年	一千九百七十六萬八千四百元
一九二七年	二千十二萬三千三百餘元
一九二八年	二千三十萬八千六百餘元

韓國內一年間革命運動之派別與入獄犧牲者一覽表

（二十六國敵獄中人物）

獨立黨員	一千一百十四人
赤色黨員	一千三百六十九人
勞工派	八十五人
農村運動派	五十四人
黑色黨員	十八人

十五年間移民五十萬——日本爲佔有東北四省起見將以十五年內移日本種子五十萬栽植東

北巳與滿鐵及關東軍着手進行先撥十萬元助其實行第一步云

十年計劃之航空網——日本爲對付第二次大戰起見設計進行航空網其線路如下（一）經由東京長野高崎到新潟（二）自大阪經鳥取，到松江（三）自大阪到金澤富山新潟秋田青森之日本內線（四）仙台山形秋田及東北地方之橫斷線（五）福岡熊本鹿兒島線（六）大阪高松松山宇和島高知德島等四國循環線（七）札幌釧路根室線（八）自札幌稚內至樺太豐原線

日本國富總額一千一百一億八千萬元——據日本統計局報告日本國富總額一千一百一億八千萬元其十分之一爲官有其不及十分之一爲公有其十分之八有餘皆屬私有其中土地爲四百十億九千一百三十萬八千元，建築物爲二百廿八億四千三百三十萬元家具等爲一百廿四億七千三百廿萬一千元每人一戶略達八千六百七十二元每一人略達一千七百十元（據日本本土而言）

日本種子繁殖之可驚——據統計局報告言日本人在其本國內一年增殖者略有十七萬七千三百餘人云

對付革命之特別警察——近來日本及韓國台灣內革命思潮至爲猛烈日本爲妨害此種革命起見特立最高警察其辦法（一）提高警權（二）特別訓練警官（三）愼密改善師生之關係（四）改造大學教育（五）改造職業紹介之機關（六）改造現存之經濟機關（七）愼重記事勿及宣傳歐美之極左極右派之眞相於日本新聞（八）愼查書店勿從左派書籍

韓國內對付革命之敵方計劃——敵督方面之主腦者腐心防止韓人革命運動苦無辦法近將試行如左之新方法云（一）嚴禁少年青年之一切集會（二）嚴令廢止少年青年之一切團體（三）嚴令糾察學術講習所等（四）嚴查出版物（五）嚴令處置不穩思想抱持者（六）嚴束購讀不穩書籍者（七）嚴令禁止農村運動派在他一面爲助長反革命派起見試行如左方法（一）指導保護穩健團體（二）講究緩和就職難（三）早令入學（低下入學年齡）免染家庭培養之習

直令灌注奴性（四）謀振興農村驅逐革命派之進入）

一千萬青年之國防協會——日本軍事當局謀積極對付世界大戰已着手組織國防協會在全國中健壯青年一千萬左右當爲先鋒加入此團體云

九一八以來日本之陣亡人數——九一八以後一年十個月戰爭期內日本軍隊之戰死者二千八百九十七名戰傷者八千四百八十三名其內容如下

（滿洲上海戰事）戰死二四三〇戰傷六五三六
（熱河戰事）　戰死三〇九戰傷一一一四
（關外戰事）　戰死一五八戰傷七三三
（合計傷亡人數一萬一千三百八十八）

韓國內運動派別之奇觀——據敵督方面所查在全國二十六個監獄內之革命黨人共有二千二百七十餘人赤色黨人有一千三百六十九人黑色黨人有十八人獨立黨人有一千一百十四人勞工派有八十五人農村運動派有五十四人

留美韓國學生總數三百七十四人——據最定查得留美韓學生之修學情勢如下神學有二十六人工學有二十六人文學有二十五人教育有二十五人農學有五人新聞學有三人醫學有二十三人理學有二十一人社會學有二十一人經濟學有二十八人音樂有十三人哲學有五人中等學校以下有二百四十八人其他有三十四人數年前一年內得博士位者有五人得學士位者有九人畢業生有四十八人云

女俠南慈賢先生傳（遺芳集續稿）

緬懷昔者倭酋豐臣秀吉之入寇三韓也坤傑輩出炳燿國史如金蟾愛香之勇於殉義桂月香之於錄光亭論介之於矗石樓或慷慨而誘敵抱敵將而墮水俱建偉功仲明大義姣弱其軀金石其志奮勇倭慘玉碎花飛降在清太祖之犯江都也坤界殉節者有七十餘人史氏誌其名而傳其美降自庚戌國廢後恨不見金愛桂論之倫近得一個女俠割情於一夕新婚之夫鼓勇於萬敗必死之際轉戰萬里千百

折而不撓斷指懷劍倒敵魁於槍林彈數十年丹衷一貫使中原文壇頭革命之母敵紙論評題爲戰慄之老婆是近代女俠南慈賢其人先生姓南諱慈賢韓國慶尚北道人居鄕以富稱十八歲與同鄕某婿婚甫一年敵勢猖獗祖國淪胥所謂合邦條約結矣時先生年纔十九慨然下淚月下告其夫曰國破者家不可獨全焉堪嘻嘻煦煦於火宅之間哉我已決死報國家之讐願相見於地下一言而別挺身出門呼召豪俊組織義兵時韓日亂戰血雨淋漓義人烈士先後接踵其夫亦隨之參戰與敵軍交綏數十回終爲敵兵擊斃先生大呼曰公敵私仇誓不共天遂自任義兵大將與敵對壘屢奏奇捷時敵人稱之曰韓國之女飛將先生轉戰五六年敵氛益熾乃投身鴨綠之北縱橫馳驅於白山黑水之間密結三韓亡命之有大志者組織韓國獨立軍至己未（一九一九年）三月佈告獨立時全國蹶起內外呼應建國開元聲勢大振先生聞之喜曰時哉可乘遂密派部下健者入國鼓動各郡激起血戰越數年到遼寧省通化縣設立女校被擧爲校長養成女義軍之人材幷協助韓國臨時政府爲獨立運動之最高機關曰羣龍無首何以倒敵宜各合心集力併使分門立戶左右服其智至一九二八年四月間組織暗殺團被擧爲團長領率團員四人躬抱炸彈手槍等軍械入京城謀炸斃敵督齋藤以其年四月六日其部卒同志四人爲敵俘虜而軍械亦被佔奪先生乃密出京城再到中國在間島龍井村深山中櫛風沐雨寢食於猛獸毒蛇之間神出鬼沒運兵於攻守奇正之謀久之敵軍窺之屢派大軍來犯先生密集男女韓人六百餘組織義軍抗戰益烈後至樺甸縣韓國獨立黨機關中任要職培養實力曾在獨立黨大會席上登壇演說激昂悲憤之餘袖出利劍斫其食指血書誓死救國四大字大衆爲之興奮不覺蹶起而呼萬歲以一九三二年國聯代表李頓等赴哈埠先生語左右曰吾將躬自往見暴露倭敵僞造滿國之黑幕遂單身赴哈爾濱李頓且泣且訴縱橫說去剖白韓中之被誣揭破倭仇之狡謀語畢截其左手食指表示決死抗日之志所謂僞滿國製造後先生之仇日愈篤以一九三三年三月一日以隻身攜帶炸彈三枚手槍一枝潛入僞都謀殺武藤因敵警發覺未及擧彈又遭挫折後至黑龍江省任中韓聯軍總司令出

沒中俄韓交界大肆屠戮倭軍至一九三三年三月一日又以隻身攜大批炸彈入偽都途經哈埠突被敵兵搜捕幽囚於吉林獄中先生自知不免留有遺囑照以遺影遂自殺於獄中時年四十四

杭州雜錄（一）

杭州以西湖爲州日唐宋以來名僧巨儒詩人遊客遺蹟者盛焉余來杭五六次未嘗以西湖探勝留心非有他因余所抱者在彼不在此數年以來偶緣機會或臨清流或陟奇峯撫念錢王之霸降及大覺之蹤跡韓華古蹟莫勝今昔之悵凡所寓目而印心繁不欲誌茲舉有關吾族者以譯述人之未及目睹者

一高麗寺　高麗寺者吳越王錢鏐所建之惠因禪院玉岑山赤山埠之北今法相寺之東南距湖數步武風景所鍾亦一名勝至高麗文宗第四子大覺國師自願出家西訪晉水法師於慧因院進金書華嚴經三種譯本三百部附白銀二千兩建華嚴經閣大覺國師所齎來者（一）雲華所造華嚴搜玄記（二）孔目章（三）無性攝論疏（四）起信論義記（五）賢首所造華嚴探玄記（六）起信別記（七）法界無差別論疏（八）十二門論疏（九）三寶諸章門（十）清涼所造正元新譯華嚴經疏（十一）圭峰所造華嚴綸貫皆教宗玄要五代兵亂典籍已亡及大覺國師西來而繼其絕大覺國師來杭時知杭州蒲宗孟奏請易名爲高麗教院今誌勅賜杭州爲高麗教院記於左

杭之爲州領屬縣十寺院五百三十有二凡講院所傳多天台智者之教惟賢首一宗歷年沈隱是以法師淨源公（晉水一云淨源）力振宏綱始立教藏于蘇于秀元豐八年（高麗順宗二年公曆一〇八五年）高麗國王子祐世僧統義天聞風摳衣願承密印於是資政殿學士大中大夫蒲公（宗孟）來牧是州以廊廟之器而臨一方其愷悌之政威懷之路指揮於談笑之間綽有餘裕乘間率賓僚遊南山慧因禪院覩其締構棟宇規摹壯麗惜其久寂而不葺乃命法師主之又施金塑賢首七祖之像僧統

（大覺國師）從而印造經論疏鈔七千有餘
帙教藏之能事畢矣於是其徒晉仁等以狀援
例乞易禪院爲教院永世相承以嚴師席蒲公
即具奏以聞越元祐三年五月一日錫命報可
崖谷輝煥邦人踴躍賢首之教自是而興其學
之淺者知由文字入不二法門而不泥於文字
其學之深者見佛性於言下而至於無言則此
院易名之旨乃示人像法之宗如暗室而照明
燈如步海而獨大航豈小補而已法師無上之
賜刊勒於石托予述而揭之以垂不朽
三年八月二十有八日朝散大夫提舉洞霄宮
上護軍吳興縣開國 男食邑三百戶賜紫金
魚章衡記　住持傳賢首祖教沙門淨源　朝
散郎權發遣兩浙路提點刑獄公事兼本路勸
農提舉河渠公事上輕車都尉借紫楊傑（爲
大覺國師伴接官者）篆額

有華嚴閣記宋哲宗時大覺國師歸國後十五年特
立石記銘錄其一部如左

錢塘有大法師曰淨源以賢首教爲東南學者
宗所註經文傳布外國有高麗僧義天見其文
而悅之元豐八年春因以其王命使於我請從
源師口授經旨天子可其奏義天至杭謁見源
師源師爲說法要義天竟其學還本國其兄國
王與其母命以青紙金書晉義熙唐聖正元中
所譯華嚴經三本凡一百七十餘卷附海舶捨
入源師所住教院以報皇帝之德至元符元年
冬其國遣使貢方物及建國靖國元年復遣使
賀今上登寶位繼附白金千數百兩請於教院
造華嚴經閣及盧舍那佛普賢文殊菩薩像並
供具等從於其閣……
建中靖國元年三月一日記右正議大夫知杭
州軍州事開國公蔣之奇立石　鎮南軍節度
使開國公□□□撰

教院教藏記有云
……高麗國祐世僧統義天賚持明潤印造
經論疏鈔總七千三百餘帙莊嚴壯麗金碧相
輝……
元祐元年十二月十八日章衡記文助題額蒲
宗孟立石
至延祐元年二月日立石者題其名曰高麗國僉議

贊成事元公捨大藏經記有云（元璠）

夫以實際而觀則廓然空寂無名無相本無衆生亦無諸佛、豈有生滅苦樂在於其間哉、然諸有情背眞逐妄、自有生死去來、故罪福由是而生、苦樂從斯而出、罪福旣生、復有輕重、苦樂隨出、亦如形影、於是地獄餓鬼畜生修羅人天諸趣、紛然而作、是所謂衆生也、苦莫苦於地獄、樂莫樂於天堂、然天報將盡、亦有五衰之苦、而又隨業墮落、則亦未免於三途、故天堂之樂不足恃也、於中有一聰慧之人、因於衆生而起大悲、因於大悲而生菩提心、因菩提心成等正覺、是所謂佛也、佛以平等大悲、視衆民如一子、然諸衆生根氣不同、非一法可度、故欲隨其根將適其器、而遂有三乘十二分敎八萬四千法藏、如世良醫救諸病人、用藥至千設方至萬、非苟多其藥而廣其方也、藥隨病異、故不得不然、是以我佛釋迦成正覺、轉法輪、始自鹿苑、至於雙樹、七七年間所說法門、不爲不多、及乎一千年後、其敎東漸、自漢明夢見金容、已來、西竺梵本之來譯東夏者、無慮五千餘卷、經律皆佛口所宣論則皆諸菩薩所造、如易之十翼、春秋之三傳者也、略擧諸經所有功德、則或有但聞其名及一句義者、猶勝純以七寶積滿三千大千世界以用布施、又復分別半偈者、亦勝敎百恒河沙衆生得阿羅漢果、於中密敎則有影過風經之益、或有一字之功、能令滅罪成佛、戒律則一日之功、亦能生佛淨土、然則苟能成一經卷聞一句義、依一字功、修一日戒、亦足爲千生萬劫難得之福、況復成一大藏、趁年披轉者、豈不萬萬於前功者哉、然此須有大財力者能之、而世之富貴者、例皆聚不厭多、滿不知足、急於求利、怠於爲善、及乎四山旣合、五家爭奪、然後無如之何、假使得如汾陽終始、何益於身後哉、在當世獨得超然世外之明見者、惟我退翁元相公有焉、公生閥閱、而蚤收科第、歷淸華而躋登卿相、當其西流、思老騎之知止、深信勝緣、茲靈運之在家、會與故僉議中贊安公同誠立願、印造大藏經一部、俾安於四明之天童禪刹、猶以爲歉、今復度其功役、而竭盡財力、印成全藏一部、奉安大覺國師所起道場、以爲地勝人高而法寶雖具、若不拔轉於誐時、而與其福利、則與夫多買良田、選求好種、而不解耕稼者、何異哉、於是又備趁年轉藏之資、並以捨施寺哉、未曾有也、其所願則瀋陽國王、暨其椿萱先公先妣、超登寶蓮、四生六道、一切有情、咸蒙饒潤、同至菩提耳、大哉心乎、所成大法寶藏、宜安於此、而捨之於彼者、以無自他彼此之殊也、所作最勝功緣先

奉君親者、始終不離忠孝之道也、由斯以往、則雖欲復於自利福祿、其不先於公乎、推其餘以及于孫、尙有餘慶矣、以余爲早年同榜、辱知益厚、且親請以爲記、余以老病固辭、請之不已、不獲已而略敍其所見耳、（高麗文）

延祐元年二月日翰林院直學士朝列大夫本國重大匡守僉議政丞右文館大提學監春秋館判選部事致仕閔□□撰重大匡上洛君金恂書並題、

有高麗國相元公置田碑云

宋元豐初年、晉水法師主惠因華嚴講席、夙通三觀妙義、圓音復暢、自五季以來、頹綱墜緒迨是復振、學者歸仰、風聞四方、越八年高麗僧統義天、本以王子捨位、克志大法、航海而來、受教席下、即造其道、嗣王法運、暨歸本國、號大覺國師、化行兩地、越十七年、國母施白金於寺宮、搆傑閣奉安三譯華嚴經典、莊嚴盧舍那佛、洎普賢文殊像、設金碧環麗、瞻仰一新、以故命其寺曰高麗、以慧因爲大覺道場、迨二百年矣、輪雲相代、際逢國之今太尉瀋王、纘紹先志、皇慶元年、冬遣使齎藏經、軍洪綸大護軍蔡得渲覲從護軍林官中郎將金完之郎將吳仲某等、齎藏完繕修飭□廚、百廢俱舉、且以疏徵慧福、示之茲席、仍施經律金藏卷帙、裝從閣上、晨夕叢崔、今二年春、相國退翁元公走价李孝道高□才齎施來杭、督印典經一藏、儲以發函、置於寶輪、藏中復市負郭良田、歸於常住、永充僧飯、僧之供歲爲轉誦、則法食兩施備矣、誰如來以佛法付國王大臣、正欲維持教法、流布後世、與天地爲長久、今功德主瀋王主於上、退翁元相成之於下、不負如來付囑初意、尊君敬法、誠所未有、概無以垂不朽、故書其顚末於碑後、　延祐元

年三月　日住山慧福識

延祐二年九月高麗瀋王疏請杭州路高麗慧因華嚴教寺住持開堂說法者圓宗深證法師鍾晉水之英道統親傳王子僧東齋之教隆彼雲林勝蹟紹晉香水故家佛智燈源無言教宗主悟自華嚴至諸法界因發賢首既曾闡繞象龍高踞玉岑端可雕符鏡鳳敢輕付託特頒弘通結三生未了之緣益堅普願成萬古不磨之業何俟它人兩行共施天長地久（趙子品書）又曰惟成家法王子有仗浙江水千億年心持大藏華嚴經初路逆蒸風二萬里慈航東海卓錫西湖芳聲福公請主妙通玄極洞融法界清想見山標致識寶藏天雲探晉水淵源德當此地騰發舊物寶以新明續大覺國師一點法燈長明不昧

延祐元年六月住持慧福記有云

推忠揆義協謀佐運瀋王使直諸議參軍洪淪等祇奉本國王命雇古杭印造大藏尊經五十藏施諸名刹杭之上竺下竺集慶仙林明慶演福慧因崇光妙行淸蓮惠力普有攜香臨之暇挾二三友散策湖濱、因投本寺唯見凝塵滿座、風景蕭然、興感形懷　大覺國師受經之地墮弛若此、即寺僧福捉點訪、以能任起廢之責者、以余應之於焉疏詞下賁今茲主席時壬子十有二月也尋明年夏公賛至大功德主瀋王疏命光破泉石不敢秘私其美勒諸堅珉然寺之廢積日滋公規所以救變之道中值初元被命入都即以上事啓達王聽鈞旨剃僧十員發帑済應慧燈永耀綮緒復繹恐湮扶顛之始末書以告於來者云

以上概述高麗寺之金石文字中有關於高麗者至若士地鬮施之碑皆略之（宋高麗寺鋼免御付碑宋高麗寺御付碑陰記宋高麗寺觀音放光瑞相殘碑宋高麗寺尙書省牒碑宋高麗寺尙書省牒碑等皆略之）

試究前乎大覺國師有何僧後乎大覺國師復有幾僧之來杭據余所知公曆九四七年麗僧眞覺禪師入寂於大慈山（杭州）九六〇年高麗僧諦觀來杭九八二年高麗僧二十餘人來杭在永明寺學於智覺禪師一〇八五年大覺國師來杭居慧因院一

○八九年大覺國師門徒壽介等來杭居高麗寺一三一九年高麗忠宣王來杭進香高麗寺一六九一年無名禪師來杭居高麗寺其他恐不止此不遑枚舉

高麗寺名稱沿革　高麗寺之名稱始於宋哲宗元祐一二年間由知杭州蒲宗孟奏請錫名爲高麗寺並勒石焉其前稱慧因院宋神宗元豐八年公曆一○八九年四月間高麗文宗第四子義天（後稱大覺國師）隨宋商林寧船經數月到杭卓錫慧因院時蒲宗孟知杭州（元豐八年至元祐二年）與義天住杭同其時及義天建華嚴經閣有此錫名因蒲氏奏請也至清乾隆二十二年稱法雲寺今寺之門口有法雲寺之標石然俗稱高麗寺蓋傳世已久不因官定而變其舊名

高麗寺之重修　元至正末燬燒明末重營清朝以後時有重營然今所存之基地有竹林數畝草屋十餘間四圍舊址概被侵佔僧塔沒於蔦蘿叢礎倒在藪叢幾爲廢寺惟法堂尙奉高麗太子眞人之像堂前老桂階下淸溪尙帶古刹風味余以陳公英士之葬於湖州時轉到本寺有詩一聯曰南國千里留聖蹟西湖三月拜英魂後到杭必參本寺而依舊不生不滅乃造一聯曰造金塔建經閣藏三百雜華開天台爲國師是出家王子聊將短聯代祝香火（未完）

韓國臨時政府之近狀

自己未年宣言獨立後國內外要人等在上海設立議政院（如國會）由議政院公選政府委員在第一期設大統領國務總理各部總長等制五六年後廢止統領制設國務領及各部長是爲第二期在第三期廢止國務領設委員制由議政院公選國務委員五人以上至十一人由國務委員組閣國務會議互選各部主任長官及國務會議主席一人是現在所行之制也去年末開議政院選國務委員九人宋秉祚趙素昂尹琦燮梁起鐸金奎植金澈崔東旿成周寔曹煜當選爲國務委員一月末由國務委員

開國務會議互選各部主任長官內部趙素昂外務金奎植軍務尹琦燮法務崔東旿財務宋秉祚等當選爲主務長官并議決獨立運動之重要方針發佈就職咨辭文長路之概亦一種施政方針之要領

統一同盟之近狀

爲統一對日戰線起見曾組織大同盟在遠東有東北四省韓僑之重要團體及京津滬杭等有力人物爲其主持并由美洲各界韓僑之有力分子與各團體加入同盟聲勢頗雄其幹部人物與進行方針嚴守秘密無從探聞必於不久有大大的活動與方略云

上海本埠之韓人狀況

自一二八及四二九事件後敵警大舉來滬探報搜索拘捕誘引綁票暗殺等行爲極其卑劣欲勾結公共租界與法租界當局以行一網打盡之計另一面設立所謂走狗團體百方活動但韓人在滬者稍不動心極力自謀對付敵方之方針分頭進行如秘密結社之發展也僑民團之擴大也教育機關之完備也衛生警察直接行動等工作分工合作大有長足進展之望敵人等見而大驚益形狼狽發狂云云

浙江圖書館文化展覽會中本國古書珍本

本年一月一日在浙江省立圖書館文化展覽會所寓目者雖不可盡記僅就本國古書錄其一二以供向隅者此種書大部分爲孤本或以版本爲貴如歸思堂集之銅印或以寫本爲貴如三班八世譜牧民心鑑或以古書引入目光如新羅崔致遠所著之桂苑筆耕高麗林椿所著西河集或以最近代文集爲新穎如洪奭周三昆季之合編文集即永嘉三怡集等試舉其目于左（圖書館特自王氏私有文庫中借來供覽者）

三班八世譜　寫本十六卷

東國史略　印本六卷

東國通鑑　印本五十六卷

璿源系譜　印本

通文館志　印

御定洪翼靖公奏稿　印本三十五卷

退溪先生文集別集外集　印本五十一卷

牧民心鑑　寫本四十八卷
陶山及門諸賢錄凡例　印本五卷
思復齋先生實記　印本一卷
增修無冤錄諺解〇　印本原文二卷諺解三卷
愛日堂仲復錄　印本三卷
百拙齋年譜　印本一卷〇
桂苑筆耕　印本二十卷
晚沙稿　印本五卷〇
南川先生文集　印本四卷
永嘉三怡集　印本三卷
西原世稿　寫本二卷〇
箕田考　印本一卷
海居齋詩鈔　印本四卷
坡谷遺稿　印本二卷
銀臺便考　寫本六券
杜律分韻　印本五卷〇
大典會通　印本六卷
柏岩先生文集　印本九卷
歸思堂集　銅印
後自警編　寫本〇
牛庵先生文集　印本八卷〇
中京科譜　印本二卷
誠齋先生遺稿　印本二卷
江左先生文集　印本十卷
司馬榜目　印本二卷〇
西河集　印本六卷
玉峯別集　印本一卷
奎章全韻　印本二卷〇
臥隱集　印本六卷
悔軒集　印本二十卷

皇華集　印四十七卷

凡三十八種無暇詳覽至林椿西河集有其遺文序之大意略曰林椿者林彥之付孫林彥與開拓北鎮之尹瓘將軍同事作紀念碑文者林椿與金富轍同時或云毅宗時逍遙時號七賢之一非如李奎報輩阿附時人者所可比林椿長於治文拙於處世一生不得志而卒於軍閥之禍高麗僧洪印梓其文盛以金私藏於許溪之傍傳五六百年至李朝李世有雲門寺僧印溪夢有所啓而掘得銅盆中遺稿云蓋高麗之世崔氏專權大殺文官儒服者數千人遂成七八十年軍權時代宜乎文章之無暇收拾僧埋掘未必怪談余讀其文壯其志氣吊其不遇特錄一篇之有關桑梓適敘鄉之感其文題曰遊新岳正覺寺僧舍書其壁詩云

造物小兒眞好弄補沙戲作千叢衆茲山首尾跨數州天外回翔如舞鳳嗟吾付與山無柰挂杖高遊久未縱探幽抉異從今始好作開人歸飛轎彭鏘踏遙乎猿猱攀援始覺衣裳重玉資金堂餘漢士潛通五嶽有幽洞道人眼力劃天功架崇卑結飛樓涵我來問年笑不答藜床坐兀無迎送屋底流泉清可挹初嘗冷冽齒先凍靈芝長遊白雲阿古柏孤生蒼石縫曉風吹雪落寒梢眩轉雙眸如走乘臨軒一望大千界不留胸中九雲夢此間不可無我詩況被煙霞助吟風人生萬事回頭錯卜築高棲誰可共無家莫畏妻孥罵行樂無須妓女從若許歸來專一壑他年此地開茅棟

美日開戰後勝敗之結果如何

一九三六年以前必有太平洋海上之大戰云云如二十世紀之一種預言人人所知日本人揚言云不戰則已戰之必勝不戰則已戰必以一九三六年以前因軍縮會議在日本尚有益於此種時期故要在急戰是日本主戰派之要旨但天下事迷於當局明於他觀欲評定開戰時期與勝敗之數須從第三者之眼光稍可得其眞諦也余茲介紹蘇維埃海軍幹部所發表之一節極有關於勝敗結果之數其言曰

（一）美國戰勝日本之結果如是

美國以媾和條文嚴令密封日本之在東亞領土野心即令日本絕對禁止大陸之進出其一也

利用韓國內多大數渴望韓國獨立之民族意識幷煽動國內外韓人之反日思想鼓激而援助之立即實現韓國之獨立其二也

日本勢必疲弊於大戰之餘失其經濟財政之復與一朝失其整備之海軍力幷失其辛苦佔奪之國外市場不得已流爲第二等國從而不免人口之增加原料之不足全國之失業國家貧窮等問題但必不得善決此難題也

美國必與英國結約代日本替收東亞諸大市場能扶植不可拔之勢力於東亞也

要之美國之勝利是奪日本之獨立的存在也

（二）日本戰勝美國之結果如是

日本對中國揮動偉大之勢力先合併中國獨占中國各地市場終必幷吞在東亞之美領英領進而建立一大有色人國

雖然與美國同一系統之英族萬不肯傍觀日本之勝利爲奪還日本所得於媾和條約之一切權利起見不得不取必死的努力也日本之勝利自不免阻害英國既得之權故英國必極力反抗於日本也英國必迫令日本結定勒約再行整理東亞矣在此種時期日本不能反抗於英人之威脅因戰爭之疲弊未痊幷無對英開戰之實力故勢必俯從英人之脅制也

美國則戰敗之後失強國之裏面頓失中國市場幷將其從來所投資者而失之在亞之領土盡被佔奪

雖然在美國觀之不過殖民地爭奪戰爭故在美國本身無大影響依然自重保持其國力日本縱有勝利勢不能渡海洋而遠征以其距離太遠幷無根據地於美國之附近地以此諸因日本必斷念遠征也日本素感苦痛於對美戰爭縱因一時權略遠送出征軍於美大陸亦無所得於後明矣是故日本之勝利非決定的勝利也

據此說而論之美國之勝利可引以謂韓國之勝利一九一九年後波爾的各小國分離於俄國各立一個民族國家者自力居十之二三他力居十之八七吾人前途其或將近於此乎若然則美國資本主義文化之侵入也必大民主政治之風行亦所不免其或基督教徒者有捲土重來於他日者乎

假使美日不戰而俄日開戰則勝敗結果又復何如必以前說中美人之所施於韓人者移之於俄亦必然之勢也推而論之思過半矣然則韓人運命勢焉決之他人望其制勝而隨風轉舵永無自由決定者乎噫豈其然乎吾將拭目而俟其人

本刊啟事

本社因種種關係致令編輯體裁與內容不免因陋就簡至爲抱歉自第二號起將盡力改善以副讀者諸公之雅望幷希各界大家時賜大作爲幸

本社謹啓

一九三四年一月出版
震光社發行

震光

第二三號合刊

四二六七年（二三月號）

要目

25. Jau, and Mar. 1934.

第十五週三一紀念節에臨하야

우리運動史上에 가장偉大壯烈한三一運動의紀念意義는形式的儀式이나習慣的集會에있는것이아니오三一運動의性質을分析批判하야長處는擁護支持하고그短處는淸算糾正하며그未備는補充擴張함에있는것이다그리면 그長處 短處 未備는무엇인가

一、三一運動의長處

1各階級의政治的協同

三一運動이革命運動으로써當然이있이야할强固한組織(革命大黨)과革命技術과其外에다른特別한準備도없었음에不拘하고그렇게壯大히展開된것은果然무슨原因으로因함이엿던가韓國民衆의人類的民族的階級的生活을向上하며民族的特質과情感을發揚하랴함에있어서日本帝國主義의政治的壓迫과經濟的侵略이얼마나激甚한障碍이며凶暴한仇讐的對像인것을合倂以後十年經驗에서深切히느기게됨에다라經濟的社會的各方面에있어서對立的關係를가진各階級이「打倒日本」「大韓獨立」이란共同한政治的目標下에서「各階級의政治的協同」을强大하게遂行한그것이三一運動을壯烈偉大케한가장重大한原因인것이다이「各階級의政治的協同」은三一運動에있어서뿐안이라過去의六十運動光州學生運動等의大衆的政治運動에있어서도그運動形態를偉大壯烈케한原因이된것이오將來의大衆的政治運動에있어서도亦是그리할것이다

이는決斷코偶然한一時的일이아니오不可避할實際的條件의發動으로因함이니이는韓國民族의經濟的社會的各階級의共通한敵對階級이日本民族의權力階級과資産階級임으로各自階級의經濟的社會的의解放을爲하야서는日本民族의그것을打倒하지않으면안될것이오또그리하기爲하야서는韓國民族의그것이强大黨

固한協同을하지않으면안되게된때문이다이우에다갈이「韓國民族」이라는民族的同感情은各階級의經濟的社會的解放運動의發展的形態인政治運動의階級的協同을더욱可能케하며活潑케하는것이다그럼으로우리는大衆的政治運動의發展을爲하야各階級의政治的協同을더욱合理鞏固하게하여야할것이다

2大衆的直接行動

三一運動은街頭에서의大衆的示威運動敵勢과의肉迫的鬪爭敵의行政機關의襲擊破壞等의大衆的直接行動을運動의主力으로삼엇다大衆的直接行動은모든部門運動의綜合的發展的形態이며大衆으로하여곰革命에對한大衆自身의革命力量을測定自信케하는唯一한方法이며戰鬪的組織의有力한前提이며보담더욱有力한모든部門運動의發生 進展의眞實한基礎이며同一한他國運動을促進하고밋그連帶關係를擴大케하는動力이며敵으로하여곰恐縮케하는有效한手段인것이다

우리運動이國際問題化하야國際的革命運動과의連帶關係를發生促進케한것도이三一運動의大衆的直接行動으로因함이오軍事外交民衆特務等의部門運動이進展된것도이三一運動의大衆的直接行動을唯一한基礎로한것이오某團某會等의組織도이三一運動의直接行動을前提로한것이오우리大衆으로하여곰運動에對한勇氣와自信도이三一運動의大衆的直接行動을通하야더욱굳세게된것이다이는韓國에잇어서뿐아니라他國革命運動에잇어서도亦是그러한것이니中國의反帝運動의發展도數回의英勇한大衆的直接行動에依한것이며印度쓰와라지一派의反英運動에對한飛躍的發展도그運動方向이大衆的直接行動에로轉向된것이다唯一한原因인것이다

二、短處의淸算과未備의補充

1 組織問題에關하야

三一運動이展開된그前後에잇어서民衆의革命力量을結束하고民衆의革命進路를引導하며民衆의鬪爭方略을具體的으로提示할만한指導份子의組織體即指導的革命黨이없엇다 內

外地에서少數志士들의結合體인적은團體가없엇는것은아니나그것은大槪一定한主義政綱政策을가지지못하고「國家獨立」이란漠然한目標下에서結合된것임으로政治外交軍事等의事業을部分的分離的으로進行하게되엿다三一運動의結果가그보담더有效하게展開되지못하고現在의모든運動이이보담더有力하게進行되지못하는모든原因中에指導份子와밋大衆의組織이完成되지못한그것이가장重大한原因이라할수있다그럼으로우리는이組織事業에不斷한努力을하지않으면안될것이오또그組織事業을實踐함에있어서指導份子의組織은一定한主義政綱政策을基礎로하여야할것이요大衆의組織은大衆自身의모든利益을土台로하여야할것이며指導份子의組織의基礎인主義政綱政策은大衆의모든利益을代表하여야할것이다

目下指導份子組織問題에있어서海外에서는民族革命의大黨組織或은大獨立黨組織問題가論議되는모양이다그것은團體와團體와의聯合으로結成될것도아니오모든革命運動者를全部網羅하야形成될것도아니오묵은英雄主義의手段的結合으로成就될것은더욱아니다다만幹國民衆絶對多數의모든利益을代表할만한革命原理와밋우리의實在情形에適應한主義政綱政策을가진個人單位의集團으로써다른모든團體보담比較的革命力量이優越한그것을革命大黨이라생각하고그것의成就를爲하야實踐的事業으로써完成되도록努力하여야할것이다

2 技術問題에關하야

技術의不足은三一運動과過去及現在運動에있어서絶對의短處이다技術없는誠意와努力과犧牲은決斷코그正比例의效果를獲得하지못하는것이다現代의모든事業中에어느것이技術의有無技術程度如何가그成敗의要因이되지않는것이있는가우리는物質의力量보담環境의惡劣보담技術의貧窮技術人材의稀貴를더욱痛嘆하지않을수없는것이다더욱이民衆을떠나外地에있는우리로써는海外運動의特殊任務를遂行하기爲하야各種의現代的技術을絶對로要求하게되는것이다今後運動에있어서는우리의技術化

한모든行動만이運動의效果를낼것이다
革命同志들 三一運動과밋過去모든運動의長處는積極的으로擁護發展하야그것을더욱時代化强大化되도록努力하며그모든短處는將來運動에對한有效한前鑑이되도록留意하자
그리하야將來運動을더욱有力하게進行하자

民族問題硏究

一、民族發生의根據

民族은어어더한根據우에서發生된것인가
民族發生의前提的人類集團은種族이엿다그種族은種族社會의發展을圖謀하기爲하야經濟的으로는狩獵遊牧等의流動的經濟過程을超脫하고農商業等의定住的經濟制度를樹立하며政治的으로는分立的割據的統治方式을揚棄하고統一的國家와單一的統治制度를建設하엿다이러한種族的發展運動은武力的戰爭과文化的競爭과經濟的連結關係를通하야多數한種族中에武力과文化程度가比較的優越한一個種族을中心으로한種族的統一運動이發生되엿으니그發生形態는或은公然한鬥爭으로或은새로운經濟制度와建設로서表現되엿다그래서그種族的統一運動은經濟，政治，文化等의完全한統一에依하야一種의새로운人類的集團을形成케하엿으니그새로운人類集團이即民族이된것이다그럼으로民族은種族의發展過程即種族의統一運動을根據하야發生된것이다現時伊太利民族은겔마니아보리시아아라비아等種族이로마族의文化와武力을中心하야結成된것이오中國民族은滿洲，蒙古，等種族이漢族의文化와武力에依하야結成된것이오그外各種民族도大槪이러한모양으로結成된것이다一個의種族이中心되야多數한種族이民族으로結成할때에그重要한動力이文化와武力임은事實이나其兩者의輕重을다시比較하면一時의武力보담悠久한文化가

더욱重要한動力이되는것이니 시라스或은알렉산다等의大國家는一時의武力으로써鄰邦의種族을征服統一하야一時에大民族國家를建設하엿으나그것은各種族의文化를統一하지못하엿음으로얼마가지안어서礫岩石과같이문허지고말앗지마는印度，中國等의民族은武力보담文化의力量으로써各種族의文化的統一을成就하엿음으로그民族的存在는維持하는것이다

三、民族構成의要素

民族構成의要素는무엇인가

（1）地域의共同

原始的，流動的의種族經濟는一定共同한地域을要求하지안지마는農商業等의民族經濟는一定共同한地域을絕對로要求하게되며또그一定共同한地域은民族構成의必要한다른모든要素를發生케하는基礎가되는것이다一定한民族的性格共同한民族的文化多數種族의血統의統一 이外에도民族構成의必要한要素가一定共同한地域을떠나서發生된것이어대있는가現時世界의모든民族은各各其一定共同한地域을所有함에依하야各各自民族의獨特한性格，文化等을發揚하게되는것이다그러나이말은多數種族이共同한地域에서生活하면반드시性格文化等이統一된다는意味는아니오오직共同한地域이그모든것을統一함에不可缺할前提的基礎的條件이된다는意味이다中國이나印度等의民族은共同한地域內에있는各種族의言語와性格이統一되지못한것이있으나美國民族과英國民族은相異한地域에서生存하지마는그言語는오히려一致한것이다그러나共同한言語，性格等의民族構成의要素를完全히가진民族으로써一定共同한地域을所有하지안은民族은絕對로없는것이다

（2）言語의共同

言語는人類의思想感情을서로交換함에唯一한媒介物이오또文化發展의貴重한土台임으로共同한言語를떠나서는民族이構成될수없는

것이다그럼으로原來同一한種族이라도言語가同一하지않으면그것은同一한民族이되지못하고그反對로原來不同한種族이라도言語가서로同一하면同一한民族을形成하기쉬운것이다同一한스라부族이라도로시아의그것과歐羅巴의그것은言語가同一치못함으로因하야同一한民族으로認할수없으나伊太利에있는 로마걸마니아아라비아等의種族은言語의同一로因하야同一한伊太利民族을形成하게된것이다그러나이말은相異한種族이同一한民族으로結成됨에있어서言語가그全的原因이된다는뜻은아니오또相異한民族이면반드시言語가同一치않다는뜻도아니다그러면言語의共同이民族構成의要素가된다함은어떠한標準下에서認證되는가言語共同의根本的原因은共同한地域에있고（美國民族과英國民族은相異한地域에서生存하면서共同한言語를使用하나그根本的原因은일즉美國民族의多數가「英國」이란共同한地域에서共同히生存한英國民族이였다는事實에있다）共同한地域은共同한言語를發生或은促進케하는것임으로「共同한地域」을前提한共同한言語가民族構成의一介要素가되는標準이되는것이다法國民族中에푸로바살言語를西班牙民族中에까시큐言語를美國民族中에法語나西班牙言語를使用하는者가있었으나그것은原來相異한種族이나民族이共同한地域에서生存한時間이長久치못하였는까닭이오또그數가많지않었음으로其後共同한地域에서長久共同한生存歷史를지낸후에는그特異한言語는各各그民族大多數의共同한言語에同化되고말았다

（3）經濟的關係의共同

共同한地域에서生活하며共同한言語를使用하는人類的集團이라도그것이經濟的으로共同한連繫關係가發生되지않으면그것은한 民族으로構成될수없는것이다勿論共同한地域에서生存하며共同한言語를使用하는 二人類的集團은 必然的으로共同한經濟的連繫關係가發生되는것이나어떤特殊한境遇에經濟的關係가極端으로對立되게되면共同한地域共同한言語란것이아무效力을내지못하고마는것이다

革命前로시아의 츠르차民族같은것은비록共同한言語를使用하며共同한地域에서生存하엿으나그들은各地方의諸候가土地를서로分割하야波斯土耳其等國家를背扶하고相互侵略과殺戮을幾世紀間繼續하엿음으로甲地方의人民과乙地方의人民은經濟的何等連繫關係를가지지못하엿다그래서그들은民族國家를形成하지못하고擧境스라부民族에게同化되고만것이다設或츠르차民族같은것을 完全한一個의民族으로認한다하더라도그것은完全한民族으로서長久히維持될수없는것이다 그러나이經濟的關係의共同이란것을民族內部各階級의利害가完全히一致함을意味하는것은아니다民族經濟의組織이資本主義化하면할사록民族內部各階級의相互利害關係가그만흠一致치못하게되는것이다그럼으로經濟關係의共同이란意味는民族內部에서의階級對階級의經濟關係를말함이아니오民族外部에서의即民族對民族의對立關係에서의同一한民族에屬한各階級의經濟的連繫關係，或은共同關係를말함이다

(七) 血統의共同

一個의民族血統은多數한種族의血統이混合된것임으로一民族의血統은共同한것이업스며따라서血統의共同이란것은民族搆成의要素가될수업다고主張하는이가잇을지모른다、그러나多數種族의血統은그量이同一한比例로混合되야一個의새로운民族의血統을일운것이아니오經濟的武力的文化的力量이比較的優越한一個種族의血統이中心的主流가되고弱小한다른種族의血統은支流的으로湊合되야그主流的中心的血統의發展으로써一民族의共同한血統을일우는것이다그것은맛치大江에들어온몃줄기江水가그本來의獨立性과特殊性을잃어버리고大江에同化되야大江의水量을增大케하는것과같은것이다그럼으로血統의共同은民族搆成의一個要素가되는것이다歐美種族이東洋에와서東洋民族과同一한地域에生存하고同一한言語를使用하며同一한經濟關係를가진다하더라도,그種族的血統이東洋民族化하기前까지는그것을完全한東洋民族으로認하기는어려울것이다

(5) 性格의共同

가장完全한民族의構成은以上에述한몃가지要素以外에이「性格의共同」이란要素를獲得한後라야비로소可能한것이다共同한地域共同한言語共同한經濟關係共同한血統下에서生存하는그人類的集團은自然히共通한傳統的心理와共同한民族的性格을가지게되는것이다

그래서그共同한心理와性格에共通한特殊한(다른民族에比하야)生活方式과文化的表現이잇게되는것이다民族構成에必要한다른要素를具備하엿다하더라도그時間이長久치못하야共同한民族의性格을가지지못하면그것은同一한民族으로構成되기어려운것이다 발틱沿岸地方에잇는獨逸人과 렛드人은一介民族으로서다른것은다同一하나血統과性格이共同하지못하엿는데그들이共同한民族的生活을하지못하엿슴은血統不同에보담性格上衝突에더욱크原因이잇는것이엿다

民族을論함에잇어서或者는民族構成의一個要素그것을即民族으로認하엿다 보ㅣ-엘은「性格의共同」은即民族으로認識하야「民族은相對的性格의共同體이다」民族的性格이란一民族의人間이他民族의人間과相異한諸特質의總計이다엇떤民族이다른民族과相異한有形的又는精神的性質의結合이다」하엿고(보ㅣ엘의「民族問題와社會民主主義」參照)슈비린겔은言語를民族構成의代表的要素로認識하야「民族은同一한言語를使用하는人間의同盟이라」定義하엿다(一九〇九年에發行된슈비린겔의「民族問題」參照)이外에도이모상으로血統,經濟關係等의一個要素를即民族으로或은民族構成의代表的條件으로認識하는이가잇다그러나以上에말한民族構成의一個要素는決코「民族」이아니으로一個의要素가民族을構成할수도업는것이다民族은以上에말한모든要素가完全히結合統一하여야비로소構成되는것이니그럼으로民族을簡單히定義하야말하면地域言語經濟關係血統性格等의共同性에依하야結合統一된種族的人類的의集團이라할수잇는것이다

(待續)

各國革命史要(二)

甲申革命(一八八四年)—(四二一七年)

甲申革命을簡單하게말하기爲하야定義처럼表示하고定義의內容及概念을逐段解說한後批判을나려보자

甲申革命은內政을改革하고主權을確立할計劃으로暴力을쓴政權攫取의運動이엇다

內政改革　當時韓國의內政의腐敗를說明치안으면革命對象의存在與否가決定되지않는대문에甲申前後各十年即廿年間에民間에發生된騷動政界에演出된怪態만을指摘하야間接으로內政頹落을證明하야보자 —

(1) 甲申前十年甲戌年에閔后의親母와親兄閔升鎬父子는某方面(大院君의指嗾云)의火藥의禮物을받아即死된것

(2) 甲申前八年丙子年에領議政李最應의弟宅에放火한者있어謀叛罪로正刑된것

(3) 甲申前七年丁丑에康寧殿과交泰殿에放火한者있어스는것

(4) 甲申前三年辛巳年에光武皇帝의弟李載先을擁立하랴던安驥泳과權正鎬等이李載先과함게正刑된것

(5) 同年에咸寧殿과昌德宮에放火한者있어스는것

(6) 甲申前二年壬午年에訓局軍隊의暴動으로閔謙鎬閔昌植李最應金輔鉉等大官과其他官吏三百餘名이殺害되고日本使館이包圍亂攻되엿는것

(7) 同年에閔后는亂軍의氣燄을避하야地方에蒙塵되고國喪을發表하야그의返宮을拒絕한것

(8) 甲申後一年乙酉年에驪州에民擾가發生된것

(9) 甲申後六年庚寅年에李瑱應尹台善等이謀叛事件으로正刑된것

(10) 甲申後八年壬辰年咸鏡道에民擾가

發生된것

(11) 甲申後九年癸巳에成川과江界와開城과古阜等郡에民擾가大作하고湖南湖에는東學黨이發亂된것

이같이宮中과政界로비롯하야各民間鄕村에까지年復年그칠새업시層生疊出한事端만보아도甲申當時韓國內政이얼마나混亂한狀態에있었던것이明明하게透視되지않는가

다시正面으로甲申當時의政治를診斷하자면金玉均內閣(公曆一八八四年十二月五日至六日)의發表한新政府의改革宣言곳當時所謂獨立黨人의最低政綱으로봄만한文字그것을列擧하자이것이當時政象의裏面을露骨的으로表示하는材料가되는때문이다

(1) 大院君을不日陪還하고朝貢의虛禮를廢止할일 (對外主權의確立)

(2) 門閥을打破하야人民平等의基礎우에人材를登用할일 (民權運動의第一步)

(3) 全國地租法을改革하야吏奸을막고民困을救하며兼하야國家經濟를裕足케할일 (租稅整理及經濟政策)

(4) 內侍府(고자의관청)革罷하고其中優材만을登用케할일 (宦制度의革罷運動)

(5) 奎章閣을革罷할일 (尸素廢止)

(6) 惠商公局을革罷할일 (駢枝裁節)

(7) 모든財政은全部戶曹에서管轄하고其餘一切財簿衙門은革罷할일(財務統一)

(8) 政府六曹以外모든冗官은全部革罷하고大臣과參贊으로하야금議政策啓케할일 (中央政治의組織化)

(9) 前後貪奸을定罪할일 (貪官汚吏의削除)

(10) 各道還上은永永臥還으로할일 (細民債務의免除)

(11) 急히巡査를두어警察을밝히할일

(12) 大臣과參贊은每日閤門內議政所에會議하야政令을布케할일 (政令統一)

(13) 四營을合하야一營을만들고營中에서抄出하야急히近衛隊를設置할일

(14) 前後流配禁錮에處한者들을酌量放
免할일
以上十四個條의大改革案은正正當當한一個政
黨의黨綱或은政策으로보아야보欠點이업겟다
하늘며三日內閣의短促한生命을가진當時의新
內閣으로서더구나四圍政敵의逆攻과強鄰의武
裝監視中에서忌憚업이實行에着手키爲하야布
告한一種命令의權威를가진十四條文은넉넉히
甲申革命의偉大한抱負와膽大한勇氣의發動이
며反面에는十四條의對治를밟게된當時內政의
腐敗頹落無組織不合理한모든形態를反證하기
에充足한것이아니냐內政問題로는歷史的門閥
制度를固守하야民權이라고는姓名을드르는當
時엇고李朝의公田制度와租稅條例가極端으로
紊亂되야羅末과갈이一年의租稅를三重四重으
로밧고有稅無土한虛卜이充斥하고一田의主가
三四人一田의文券이新舊眞假를가릴수업시混
亂하야奸吏와貪官이農民을殘酷하게押壓한結
果國庫와民生問題가餘地업시破產되엿든것을
反證할수잇스며內侍專寵의弊가干政沒倫한結
果를맷고士豪劣紳은汚穢莫測한統治階級과合
流하야貪暴無道殘忍한貪虐이遠處에習慣化하
야施者受者가도로혀天經地緯로茶飯視하든醜
態을反證할수잇스며舊時代의殘殺만固守하고
無爲無能한冗官虛位로尸素自誚하는官吏가十
上八九이엇음늘볼수잇다이갈이舊年부이의官
吏와制度만으로는新時代의政務는姑捨하고所
謂口傳心授하던바愛民善政의口號인들무엇으
로임내나내일수잇엇스랴十四條를보면軍隊도
有名無實(軍籍과軍卒이不符)警察은名目도업
고政府主腦의政令은不統一事務는遲滯騈枝機
關의重複等等이隱匿히紙面에活躍되지않는가
이러한內政의腐敗는甲申革命의手術을밧기爲
하야病床에대령하고누엇던것이分明하다甲申
年까지의外交情勢는벌서中日英美德義俄等國
과通商이開始되야各國領事가京城에駐在(一
種變態的外交官의形式이엇스나)하야萬目睽
睽한當時엇스며西歐文化의潮水가거침업시東
亞를할다버리랴고洶湧한氣勢로물결이치미던
當時엇음에不拘하고當時의治者階級과智識階

級(漢學者士族階級)의무리는可決업는一致로「頑固사대」四字로써그네의口號를삼고智覺업시斥洋斥倭閉門自守만을豪氣잇게불러스던一味엇다 이것을顚覆하고新政權을세우기爲하야正面에活動한門士는곳甲申革命의中心人物그네엇다

그럼으로五百年來無意識한政權爭奪의버릇(三百年來老少南北이니四色이니하던동구멍의좀작난備治니禮治니하던곰팡내나는적은수작을萬能삼아自負하던當時人物들은甲申革命의기발에달려들勇氣만업섯던것이아니라한그릇들아서서甲申革命을無條件反對除雜談仇視로써벌서부터反動線上에서機會를엿보게되엿다 그네의眼目에는西洋式人權擁護도逆賊이며斷髮洋裝도正刑할罪目이며海外視察이나外人交際도換腸兒通敵者로밧에보아주지안앗던것이다 甲申革命의中心人物들은革命에着手하기前부터이罪目罪名을밧게되엿다 그러나當時革命의眞意는內政을改革할目的에잇고由來政爭의套襲이아닌것이十四條文으로써保證되얏던깃이다

主權確立 內政改革만으로도革命의本質을삼을수잇고다시한거름나아가서主權確立에目標를둔것이甲申革命의눈동자가되엿던것이다 그러면當時韓國의國際地位가어떤한階段種類에잇엇던것을檢討하자文字를주리기爲하야또다시甲申前몃해동안韓國의對外地位를追觀함이捷徑일가하야다음에要目만을列擧하야보자

(1)甲申前八年丙子年日本과修好條約이되야形式上一個獨立國家임을國際的으로宣布하게되며花房義質이翌年丁丑에代理公使로來韓하얏고關係國으로特殊한縣史關係를가진北京政府는이를默認하게되얏다

(2)甲申前五年己卯에花房義質이第三次로來韓하야釜山開港問題를討決하고翌年庚辰에日本辦理公使가來韓하얏다

(3)甲申前三年辛巳에紳士朴定陽趙秉稷魚允中洪英植趙準永沈相學閔種默姜文馨李元會李鳳儀等을日本에보내여文化를

視察하얏고乙巳年末에金玉均이日本에
遊學을갓섯다
(十)甲申前二年壬午에日本人堀本禮造를雇聘하야別技軍을訓練하고紳士子弟百餘人을뽑아下都監에練習하게하야士官生徒란名目이始作되얏다
同年壬午에軍援가發生된結果北京政府는韓國內政을干涉하기始作하얏으니이는閔派로부터金允植(天津에領選使로派駐된)을通하야大院君을打倒한策略으로北京政府에救援兵을請한대로에李홍장은韓國과日本의衝突中國과日本의正面衝突을謀避하자는計劃과韓國의對外責任은韓國에미루고韓國에實際政權을樹立하자는遠大한心算인지即刻水陸軍隊三千名을派遣하니吳長慶과馬建忠은領兵者오吳兆有와張謇袁世凱는部下로下都監에와서左右親軍營을督練하얏으며그해에中國官制를본밧아統理軍國事務衙門을두고李홍장의推薦한德人穆인덕을顧問으로李의幕下인穆德을他國長官으로指定하게되얏다
이갈이國際上國家의立場과主權이風雨飄搖한中에더욱중國勢力이潮水갓이밀너오는中에壬午軍變의責任者라하야日本과의關係를圓滑하게越세代庖한다는감냥업는干涉을始作하니軍隊의監視와大官의派遣은姑捨하고所謂一國의떡태러오十年世道의主人公이오無冠帝王으로一國老虎갈은대원군을天津으로잡어갓다그때에중국當局으로布告한一種公文을보자음마나무시무시하냐
『朝鮮은中國의번병이라比年以來權臣竊柄政出私門云云의흐령을虛頭로하고…………今年六月之變에弑妃辱王虐吏一時並發이라하며道路流傳하되 皆曰爾국태公의所爲라하니먼저國태公을잡어다가罪狀을親問하야罪人을查得한後天討를申한다하며………丁汝昌을命하야國태公으로더부러航海詣闕케함은骨肉의恩義를權衡하는大權이我大皇帝의全權이라하며……但擧動이倉皇하야너의上下臣民이恐懼疑惑

하겟스나決코元조의忠宣忠惠二王을잡어간것과는갈지안타하며目前大兵이水陸並進하야임의二十營이갓고先後更發하야水陸相繼하리니네가自鼠하야誅滅을自招하지말나 ㅡ고엄청난흐령과어이업는威脅侮蔑로써개꾸짓듯公公然하게고함친文字를밥게된當時의政象!國家의地位!政界의內幕!對外情勢가이갈이悲慘悽慘하얏던것을追憶하면소름이끼친다甲辰乙巳當年에長谷川의所謂告示文字나伊藤輩의올문호령이實際上形式上壬午當年의꼬리달고달려들든만슴의그것을임내낸것이라아니볼수있으랴甲申革命은國家의病身된地位와主權의剝削된缺陷을回蘇匡正하야一個獨立國家의要素를充足히發展케하자는血誠과意識的自覺에서發動된政變이엇다

(5)甲申前一年癸未年에는仁川에日租界가成立되고日本과釜山海底電線條約을締結하얏으며朝廷에는守舊黨과獨立黨이分立對峙하야內政外交에相反한主張을가지게되며新文化와舊制度에氷炭不相容할見地를가지게되며一面에는露國으로中國으로日本으로勢力背援을잡것다는暗鬥가政界에波紋을이르키엿으나　가장優勝한勢力으로歷史的高壓을나린것은꼬리달린그네엇다

甲申前數年의韓國의主權이國際的으로動搖되여國家의獨立을確立하기에는單獨發展으로되야지기어렵고　오직鄰國의一種後援을利用하지안코는侵入된鄰國의勢力을排除할수업엇던것이當時情勢의弱點이엇다

一個民族의自體우에侵凌하는一種他族의勢力이나或은此에迎合屈伏하는統治者의뿌리를뽑기때문에는不得已他一種의背援을求하는것은革命史上업지않은方策이라하면甲申當時中心人物로서는一種背援을휘여잡지안을수도업는것이다

暴力行使　甲申革命의人物들이內政과外交의革新과自主를完成키爲하야舊勢力과對立하든往路와밋暴力을使用하야政權을攫取한概要를

말하자

純祖以後로西洋文化에接觸한韓國人의多數는겨우曆法의改良에그치고天主學을信仰하는이는西人의威勢를假借하자는卑劣한動機로되엿고學術上文化輸入이나或은新文明의主張을始作하는이는曉星과같이幾人에不過하얏다明南樓全集數百卷을著述한崔漢綺東西古今三才萬品을會通한五洲衍文六十卷의著者인李圭景과大東輿地圖의二十二帖과大東地志十五卷을考成한金正浩는（憲宗哲宗時人物들）그中의巨擘이며白衣로一世經綸을指揮하든劉大致는海國圖志瀛環志略等의啓蒙文字로써隱然히改革의指揮者가되야貴族中의年少英俊과志氣를聯絡하게되야朴泳孝金玉均洪英植徐光範等의貴族青年과白春培鄭秉夏等의平民派와合流하야一種革命的眼光을가지게되니곳밖으로는聯日排清聯露排清의外交上步식을取하야韓滿으로一圈에獨立하고안으로는新青年中心의新國家를韓國과만주에建設하기로意見이一致되얏다한다壬午以後에閔派或은守舊派들은傳統的外交方針으로써清을倚支하야勢力을支持하랴하니閔台鎬金炳始金炳國閔泳翊李祖淵韓圭稷尹泰駿趙寧夏等이한派黨의勢力部隊며이에相反한主張을가저聯日驅清으로國政改革과主權獨立을完成하자는洪英植金玉均朴泳教徐光範徐載弼等이또한一種新勢力의中心人物이되엿다政界가老少新舊로갈니며各其勢力發展이白熱化하게되는當時에는兩派가서로을물고노리고벼면치않은일에도猜測과挑發과가즌것이尖銳化하야處處에衝突이頻頻하야舊派로부터一種高壓的手段을實施하랴는內容을먼저看破한新派들은騎虎之勢로不擇時期不擇手段先發制人의方策을꾀하게되얏다한다

맞흠甲申六月後安南事件에清國이失敗한國際變動의消息이流布되야清國의弱點을노린新派들은그機會에단판씨름을시험하게된것이다그리하야一八八四年甲申陰曆十月十七日陽曆十二月四日에郵政局宴會의大虐殺을演出하게된것이다

甲申十二月四日郵政局落成宴의晩餐을機會로

하야各營將臣을모아놓고即時安洞別宮에放火하자는것이그네의最初計劃이니放火가되면將臣들은消防의責任上現場에出動할것을預斷하고그곳에壯士를埋伏하얏다가砲聲의暗號로써事大黨의主腦를沒殺하랴하얏으나警戒森嚴하야放火策이失敗되매郵政局附近에潜伏하엿든一派는兩次爆彈을더지엇으나爆發되지않엇고夜十時에이르러屋上에放火한지라月光과火焰이中天에輝煌하야甲申革命의채불과함게漢城의大暴動을創造하얏다

郵政局宴會는午後六時에始作되얏고請帖을받아參宴된者는六曹判書內外衙門督辦四營營使(當時營將) 各國外交官 (美國公使푸트英國領事아스턴中國領事陳樹棠日本公使竹添進一郎(代身에島村) 等이엇고革命의前衛隊로特務를맡은部隊들은景祐宮의안과王宮門前과郵政局附近에埋伏되엿섯다不意의火光에驚怯된손님들이倉皇히散會하랴는지음에閔泳翊이먼저出門하매溝川中에서飛迫하는刺客이數次匕首를날려負傷昏倒하얏다滿堂이大亂하야進退維谷中에或은手槍과칼로自衛하얏다한다이때에郵政局北牆을넘어蹤跡을감춘金朴兩人은中路에서李寅鍾과徐載弼을만나『여러壯士들을景祐宮門前에기다리게하라』고分付하니이는閔泳翊一個人負傷이란失敗의꼬리에第二次計劃變更으로다름치는中路이엇다그네들은竹添의눈치를보기爲하야密會한後即時夜半에昌德宮을向하다가

金虎門의守兵을叱咤하고敦化門을거처協陽門에서武監을물리치고곳閤門으로突入하니미리內通한尹景完은軍隊五十名으로써等待하고잇음보고各種關束을紹介한後光武皇帝殿內로달려들엇다 平服한內侍들이金朴의行動이倉皇한것을疑怪히녀겨事由를質問하얏으나從之不答하고宦官柳在賢을불러光武帝의起寢을奏達하라하얏다柳內侍의疑問에勵聲大叱하되『너의宦官이焉敢多言』이냐고高喊치는통에光武帝는벌서睡夢中에驚動하야金을召見하게되매金朴徐三人이곳寢殿에들어가郵政局事變을報告하고淸兵의作亂이라고하며暫時正殿을

避하기를炎逐하얏다그때에東北間에서一聲砲火로預定的구누를치대이에놀난大駕는便殿後門을나와尹景完에게扈衛되얏다金은곳日兵의警衛가잇서야한다고固執하나不得已勉從되고閔后는『萬一日兵을招來한다면淸兵은엇지하나냐』하는말에金은『淸兵도請한다고』懇安한後金臨門路上에서日本公使來護我七字의手勅을要請하야竹添에派人送達하게하고（派往된이는一說에朴一說에邊樹一說에宦官柳在賢이라함）御駕는景祐宮後門에와서前後六里門의잠을쇠를개터리고宮內에安定되엿다이때에宮內直所에잇든尹泰駿沈相薰도뒤쪼차扈從하고韓圭稷도郵局의亂을避하야兵丁으로變裝한後이곳에投身하얏다그대第二次砲聲이仁政殿附近에서이러난지라金은韓圭稷을號令하되『將兵의職을가진者로變亂을當하야率兵來扈치안코罪身化裝으로上心을驚動케하느냐』하고柳在賢을叱咤하되『너갓흔鼠盜輩가大勢를모르고兒女子의稚態로잇으니從此로爾輩들은立斷하리라』하고尹景完을불너死刑을命하매左右肅然하고韓三默默俯首하는중一行이景祐宮正殿에當到한대에朴과竹添은日軍을다리고달녀들엇다

大駕와妃嬪이正殿에坐定한後金朴徐諸人은竹添과左右에侍立하고日軍은大門內外를侍衛하고前營小隊長尹景完은當直兵을다리고殿庭에排立하고徐載弼은士官生徒鄭蘭敎朴應學鄭行徵林殷明申重模尹泳觀李圭完河應善李東虎申應熙李建英鄭鍾振白樂雲等十三人을다리고殿上에排立하고李寅鍾李昌奎李奎貞은李殷鍾黃龍澤金鳳均尹景純崔殷童高永錫車弘植等七人의壯士로더브러殿門外에侍立식히여戳簡가치警戒하고金은武監十餘名을大門에派送하야入闕者의名刺를査作하게하얏다

이대郵政局變亂을免하야온洪英植李祖淵은이곳으로갓엿든바李祖淵은韓圭稷柳在賢兩人과耳語가頻頻하야淸兵을引入코저하는지라朴은李尹韓의三營大將을向하야詰責하되『변난은당하야外兵을請한이때에그대의三營長官은將兵任務를가진者로軍總을쿨지안코슈군거리기

만함은무신不測한일이냐』고한즉尹泰駿이먼저이러나門外로向하고李韓兩人은金에게달을「言나할즘에또한朴과갈은語調로詰責한지라李祖淵은高聲大喝하야『내主上을뵈옵고저하니나를드리라』하얏다이때徐載弼은칼을들고大叱하되『나는衙門의命令을받었으니다시命令이나리기前에는許入치못하겟다』하며여러壯士도猝然呼應하는氣勢에韓李兩人은不得已各營軍卒이잇는景祐宮後門으로向하얏다그러나먼저나간尹泰駿은小中門밧게서李祖淵韓圭稷二人은中門밧게세壯士의칼을받어即死하엿다

그다음에事變을듯고달녀오는朝臣中閔泳穆趙甯夏閔台鎬三人은大門外에서次第로劍頭魂이되니當初預定하얏든反對黨의首領는第二次計劃으로써거위終結되얏다甲申十二月四日밤에는이처름複雜混亂한大工作을치르는中에一面은各國公使館에政變事由와善後策을通知하야慰問의意를表하고時急히施行할大政方針과政令을奏達하기爲하야會議하든中에王妃와東朝는急히大關로드러가기를主張하얏으며宦官宮女數百人이一室에雜處하야無秩序한修羅場이되엿고그럭저럭四日夜를밧이엇다

甲申十二月五日早朝에金은壯士를命하야閔在賢을結縛하야正殿에꾸니고數罪한後面前에正刑하고其他宮女宦官을門外로逐出한後大改革의第一步를斷行하니곳甲申內閣이組織되얏다

領議政　李載元
左議政　洪英植
前後營使兼左捕將朴泳孝
左右營使兼代理外務督辦右捕將徐光範左贊成兼左右參贊李載冕
吏曹判書弘文提學申箕善
禮曹判書　金允植
兵曹判書　李載完
刑曹判書　尹雄烈
工曹判書　洪淳學
漢城判尹　金弘集
判義禁　趙敬夏
藝文提學　李建昌
戶曹參判　金玉均

兵曹參判兼正領官　徐載弼
都承旨　朴泳教
同府承旨　趙東冕
同義禁　閔植
兵曹參議　金文鉉
水原留守　李熙善
平安監司　李載純
說書　趙漢國
洗馬　李埈鎔

이러케過渡內閣을組織하야軍警財及內政의要職을그네의掌握에두고成否의要決을智勇俱全한朴泳教에맛기엇다

革命의大本營이景祐宮이엇든바十二月五日午後에다시還宮하게되니最初金等이景祐宮으로作定한理由는小數軍卒로警衛에備코저한것인데內殿派의還宮主張이激烈化하야엇지할수업어朴等은江華로移御함을主張하야보앗다理由는時局整頓할때까지는反對派의勢力圈中에서脫出하야自力의本部를가질必要이엇으나竹添의反對로되지못하얏고다시桂洞李輔國邸로移御함을꾀하야二三日동안이나安定을圖하얏으나亦是成立되지못하야畢竟還宮키로決定되니비록警戒는昨夜의그것을옴기엿으나革命政府의根據地가朝變夕改함은民心과勢力支持에不少한惡結果를招來하엿든것이라그리하야還宮한後美英德公領事의接見과日使의奏達을밧고結局新政策의十四條를發表하얏다(以下次號)

領土分割鬪爭의發展

一

強大民族國家가弱小民族國家의領土를爭取分割하는主要目的은資本과商品活動의獨占的利益을確保하랴함에잇는것이다經濟的으로國家資本主義에까지發展된強大國家는먼저國內에잇어서大小資本의自由競爭的活動에서集

中資本 獨占資本의形式에로發展되고그獨占資本은다시國外에있어서商品市場과밋一切原料의獨占을要求하게된다그래서그獨占資本은自體의要求를獲取하기爲하야殘暴한軍事的勢力과奸惡한欺騙的手段으로써弱小民族國家의領土를奪取分割하야그領土의一切의豐富한原料를奪取하며土着産業을破壞하며土着人民의勞働을強制로驅使한다

二

強大民族國家가弱小民族國家의領土를奪取分割함은自由競爭的資本主義의全盛期에서붙어始作하엿다다시말하면資本의自由競爭이獨占的階級에로發展코저함이領土分割의經濟的理由인것이다英國의印度奪取는一八七七年비루마의獲取는一八八五年佛國의安南奪取는一八八五年美國이스페인을擊破하고큐바를奪取하며 비루빈羣島를買收하기는一八九八年伊太利의트리보리占領은一九一二年의일로써모다自由競爭的資本主義에서獨占的資本主義에로轉向한時期에關한일이엇다英佛德國이自由競爭的資本主義의發展을爲하야各各機械와資本의輸出을解禁한後約四五十年後의일이엇다그리고領土를奪取分割하기爲한重要한手段은戰爭이니中國의市場獲得을爲한一八三九年—八四二年의阿片戰爭安南의奪取를爲한一八八四年—一八八五年의淸佛戰爭韓國을奪取하기爲한一八九四年—一八九五年의中日戰爭等이모다領土侵奪의唯一한手段이엿던것이다

三

이戰爭은資本主義의發達에依하야—自由競爭主義에서獨占主義에로轉向確立矛盾됨에依하야—그範圍가漸漸廣汎하여진다獨占主義의確立과擴大를爲한歐洲大戰은三千六百八十二萬平方哩의廣大한地域에서十四億七千五百萬人의人口中에서六千九百萬人의軍人이動員된戰爭으로서三千七百七十二億萬元의戰費와數百萬人의人民이砲煙中에虐殺된것이엇다

그大戰에關係된統計的數字는如下함

國別	各國戰費總額	各主要交戰國戰費一日平均支出額
英	七、四六三、七六九千磅	四、八五三千磅
白	五、〇四四、二〇〇千法	
佛	一四八、二八九、五四四千法	一九一、八七八千法
美	二二、九九一、九八三千弗	三五、九二五千弗
伊	四一、八五二、〇〇〇千利	三三、三三一千利
露	五四、〇九八、五〇〇千留	三七、八三〇千留
日	一、三二二、八六八千元	
羅	四、七九一、九九〇千레오	
塞、黑	三、二七八、七三〇千法	
濠洲	一、四五九、五〇〇千磅	
加奈陀	三〇〇、〇〇〇千磅	
新西蘭	七五、〇〇〇千磅	
南阿	五〇、〇〇〇千磅	
獨	一三九、三四二、二四一千麻	八一、六四一千麻
墺匈	八四、四二四、〇〇〇千冠	五〇、二五八千冠
土	四〇九、五五九千磅	
勃	三、七八三、一五〇千磅	

國別	面積(千平方里)	人口(千人)	總動員(千人)	喪失兵力(千人)
聯合國側				
英國	一〇、九七四	四一六、七七九	八、〇〇〇	三、〇五〇
佛國	四、一〇三	八九、四三五	八、〇二〇	五、五〇〇

美國	三、七四六	一一五、一六五	四、二五〇	二六〇
伊國	五六二	三七、九九六	四、五〇〇	一、九三〇
露國	八、四三六	一八二、一七四	一六、七〇〇	九、一五〇
白耳義	九二四	二二、六五八	四五〇	二八〇
塞備比	三三	四、六二二	七一〇	四五〇
羅馬尼	五三	七、五〇八	八五〇	四五〇
黑山國	五	五一六	二〇	不明
葡萄牙	八四三	一五、二二五		
中國	四、二七八	三三六、〇四二		
暹羅	一八五	八、二六六		
玖馬	四四	二、六二八		
巴奈馬	三一	四三〇		
日本	二四五	七六、五八九	一六〇	三
計	三四、四七九	一、三一六、〇三一	四四、六六〇	二一、〇七三
獨墺側				
獨逸	一、三四八	八〇、八七八	一二、二五〇	六、〇六〇
墺匈	二六一	五二、三六八	九、三〇〇	四、七七〇
土耳其	六九二	二一、二七四	二、七〇〇	九五〇
勃牙利	四四	四、七五三	一、一五〇	三〇〇
計	二、三四六	一五九、二七三	二五、四〇〇	一二、〇八〇
合計	三六、八二五	一、四七五、三〇九	六九、〇六〇	三三、一五三

備考「世界戰爭의戰費及財源要覽」

歐洲大戰은以上統計表에示한人命과財力을犧牲하야如下히世界를再分割하엿다

獨逸本國의割讓地域

佛國에 알사스로텐 삼ㅣ河流域

白耳義에 오이펜말메지ㅣ모레네

丁抹에 유드란드半島의北시레쉬트

波蘭에 舊波蘭領地

植民地의委任統治

英本國에 카메룬의西部及東亞弗利加의大部分나스루도島（大洋洲）

英屬領에 西南亞弗利加는南亞聯邦에 나운島는本國과갈이濠州及뉴지란드에 나운島（大洋州）는濠州聯邦에 사모諸島는뉴지란드에

佛國에 카메룬도고란드（亞弗利加東部）

白耳義에 東亞弗利加의西北部

日本에 赤道以北의小島（大洋州）

四、

戰後世界列强은戰爭에依하야獲取한新市場및原料供給地（戰敗國의領土와弱小民族의領土）의運用과戰債問題의妥協（도스案영案）에依하야暫時의經濟的安定을어든바잇엇으나資本主義의內在的矛盾에依하야發生된生産過剩 生産設備의過剩 商品의過剩 資本過剩的人口의過剩（失業人口의過剩）問題의不可抗的發展으로因한新市場（新領土）의奪取分割은不可避의既成事實로되여잇고또그것을爲한戰爭의危機는刻一刻緊迫되고잇으며資本主義의發展的現階段의經濟的國家主義는國家中心의統制的經濟制度를確立하야外國에對하야서는自由貿易을要求하고自國에잇어서는保護貿易의實行을基礎로한保護關稅 報復關稅相殺關稅 特惠關稅等의關稅障壁의提高와一切商品의國內市場價格의提高및國外市場價格의低下를目的한貨幣政策의發展은國際間經濟的連鎖關係의險惡을促進하고잇다그럼으로目下資本主義의國際列强은經濟的國家主義의國際的衝突과自體의內在的모든矛盾을解決하기爲하야 아직分割되지안은或은임이分割된것이라도再分割의必要와可能性이잇는領土（日

本이侵占하고잇는滿蒙및中國本土　獨佛伊諸國이서로侵佔하라는歐羅巴의弱小國의領土)의分割을目的하고世界第二次大戰을急激히準備하고잇는것이다

條約以後의愛爾蘭

스티픈　꾸인氏　述

　愛爾蘭自由邦의存在첫十年이헐신넘기前에愛爾蘭의自治의不適함을預言하든그者들은悲哀의沈默으로退縮하고말엇다舊民族主義者들도幾個의無經驗한靑年들로서混亂으로부터秩序를展開함에迅速하엿슴에對하야놀래지안이치못하엿다그러나지난二個年內에이모든것은變化하엿다不幸을預言하든者들은「우리가이미그리될것을말하엿다」하며多數의民族主義者들은落膽하엿고同時에友好의傍觀者들은稱揚의語調를變하야同情의言調로代하엿다이에이變化의內容을解釋하야보겟다

　愛爾蘭의自治權獲得은一强大勢力의抵抗에對하야階段階段을밟아持紹門爭한一世紀以上으亘한革命의結果이다革命의氣分을子孫代代에浸透시키어이를革命의目標即自由獲得을爲한準備로써할은沈痛한事라하것으나愛爾蘭의革命은每階段을다디　캐텀딕敎徒에對한平等權　地主專制의廢除　最終으로自治權獲得等의成功을齎來하엿다

　一九一四年八月前에英國의選擧民及衆議院은自治許與를容認하얏으대단약二十六州에對한自治法案에對하야滿足하엿을진대當時貴族院의反對도取消되엿을것이다　으코넬　파넬及　퇴드몬드等의所謂憲法主義方略은秘密結社方略에比하야多少의成功이잇엇으나愛爾蘭人民의暴力에對한信念은瞬時도拋棄한이업엇다結局은秘密結社의暴力과便衣隊의戰鬪로써憲法主義者에게提供된條件보다더比較的優良한條約條件을途得함에至하엿다

그러나英國은한번더妥協을提出하얏으니이는愛爾蘭의要求──全國의代表자리를엇은秘密結社의要求──가進하야完全獨立과共和國을要求함으로된까닭이엿다愛爾蘭의秘密結社의運動은一般暴力革命團體와同樣으로一個의少數運動이엿으나鬪爭의性質에因하야一般民衆의信望과擁護를博得하엿엇다條約의條文이發表되대全國民의承認의소리는기위壓倒的이엿다그러나이條約의承認與否의問題는其時秘密結社의代表的人物로完全獨立을主張誓盟한人으로서만選出組織된大會에서決定케되엿다多數는이要求를物品賣買上利得主義의手段과갓이『共和國을要求하여라그리면優等한自治案을엇으리라』고論하엿다大會代表一百二十五人中七人의多數로承認은可決되엿다其時데밸러라氏는이決議에對하야反對否認하엿다신펜黨은自頭至尾分裂의地에至하엿다그리피트及콜린의指導下의一部分은臨時政府를組織進行하고他一部分은데밸러라氏의同意도엇지않고臨時政府를英國의一種工具라고聲討排擠하매內戰은딸아發生되엿다第一放彈丸의後數週日內에그리피트는心臟病으로逝去하고콜린은暗殺當하엿다權威는愛爾蘭人民에게名不知面不知의靑年輩에게넘어갓다愛爾蘭人民은一世紀以來自己네에게旗幟로되엿든若오코넬파넬힐리밀른리드몬드等의이름을딸아歸依隨從하엿다生存한오즉한사람으로그의이름이旗幟로된一人은데밸러라氏이엿으니그는이제傳統的愛爾蘭民族主義者立場에處하야政府에對立하얏다秘密結社의方法은新進治者에對하야使用되엿다憲法制定次로選擧된委員들이國會에會合하려든當時에委員中主要分子의드사람은途中에서더블린市內에서銃殺되엿다이에對한反響은直時獄中에在囚한暴力團의首領（不正規兵으로名稱된）四人의無辭理死刑執行으로對付되엿다數月後國防總長멀커히大將은議會議員들에게對한流血主義는繼續치아니하엿으나對英便衣隊戰鬪參謀長의資格으로多數의暗殺戰을命하야當時氏의部下及親近人多數를卽決銃殺하엿다黑禍及內戰에關하야此에參加하엿는諸人의著述을參考할진대內戰의慘酷함이무엇보다도最烈하엿다한다그리하야비록治政은迅速한效率로進行된바잇으되其爲政者인愛爾蘭人에對한欽仰이나同情은毫無하엿다回收當時에遮斷破壞되엿든道路及鐵道의交通과非武裝巡警의創設等의秩序는整頓한者잇엇으되內戰中死亡한人數以外에死刑執行의人數七十七人에達하엿다議會內에는共和主義者로再任한多數의議員들이잇엇으나모다宣誓不遵參會缺席等의自黨不承認者들이엿음으로反對黨은찾을수없엇다一九一九年至一九二三年을秘密結社의流血主義에慣用된나라로서銃가진者의命令을服從하기에至한것은너무重大한事이엇다政府는事實上一個의委任統治者로누구의발구락이僞하든지不關하고改革에는能難하엿다例컨대腐傷或不潔한雞卵을英國에輸出한者發見된다하면그의輸出狀은押收된다愛爾蘭雞卵의信用은回復되나政府는이러한無限한例事로多數의건수를結하엿다人民은 코스그레이브스黨을投票하엿다이는데낼러라氏를選擧할진대英國과新戰爭이開始될가두려함이엿고其他에는投票할사람이없엇다勞働黨은黨員의數至微하엿다舊民族主義者黨은前領首존리드몬드氏의子外에는事實上解消되엿으나各選擧區에는리드몬드同情者로投票한者千餘名이엇다그들은大槪코스그레이브스氏를데밸러라氏보다더미워하엿다데밸러라氏는그들에게좋은말을할수없엇다코스그레이브스氏는舊聯合論者新敎徒等에對하야好誼的이며優待的이엇으나彼等은重要勢力의代表者이나何等投票勢力은不具者임으로舊民族主義者들을可畏의反對派로對過하야最誤策인不正計로籠絡하엿다政府는舊신펜黨의一部分以上의實地的後援을가진적이없엇다데밸러라氏도亦是그러하엿다그러나大衆은코스그레이브스氏가辭任한다하면무슨까닭이나생길가念慮하야氏를留任하엿다

그뿐아니라政府閣員들은事務에懸倒되엿다第一로는軍隊五萬名을臨時募集하야一萬名으로縮少한후의解除된者의吸收策이엇다救業을與하야思想界를占領코저巨資을投하야道路

을修築하며쇄는地方에發電所를設하엿다五年間愛爾蘭의近代的建設은英國治下의五十年間에된그것보다以上이엇다農業政策은靑年호겐氏의指導이엇는대略五個年後써호레이스플런켓氏는그를歐洲의第一가는農業大臣이라고讚揚하엿다그러나政府閣員들은政務에侵佔되여選擧運動에對하야는餘暇가업슬뿐더러常規의反對黨이업어슴으로公論을無視케되엿다成事한것도잇거니와誤非한것도잇엇다

內戰은一九二三年五月에止하얏으니當時대밸러라氏停火의命令을發布하얏으나繳械命令은發布치아니하엿다秘密結社는反對의態度를發明하고再次地下에退하엿다대밸러라氏는曖昧하엿으나分明히戰爭에反對하엿다그리하야一九二六年에씬펜黨(그대깃反對黨을신펜黨이라呼號)은分裂하야多數는領首를隨從하엿으되暴力派는拒從하엿다銃砲策도쓰지안코憲法策도쓰지안는政治家에對하야愛爾蘭은漸漸厭症을發하엿다대밸러라氏는條約內正式插入된忠順宣誓條文撤廢要求에熱中하야該條文은憲法方略採納上最大의障碍物이라고抗戰하엿다

그反面에코스그레이브스氏의治政은一九二五年에至하야大動搖를受하엿다條約의協定은끝을맺지못한條文이多數하엿으니愛爾蘭의戰債(不定數)分擔問題가其一이오其他는妥協上最爭點인愛爾蘭의墻壁問題이엇다條約內에는北愛境界는公平한條件下에整理할것이라고記載된條文이잇다民族主義者들은이條文을解釋하야民族主義者들의占據한多數의都邑이自由邦에傳渡될것으로認하엿다그리되면데리市와티론及파나마州가自由邦에傳渡될것이오北愛爾蘭이如此히縮少되는時는實用的單位가못될것으로信하엿다一九二四年에境界調査委員이組織되엇다英國은委員長으로英人生育이오南아프리카首席裁判官인저스티스피탐氏를指名하고愛爾蘭은出生地로얼스터人인맥닐氏를選定하엿다北愛爾蘭은境界變更의可能性이有한者를承認하기를拒絶하야何者이고選定하려하지아니하엿다特別法令은通過되엇다그리

하야英國으로하야금第三委員을指定케한바덤스러人피쉬氏가指名되엇다境界沿邊의證據收集은終了되엇다一九二五年末에委員長의報告書의參考文字의註釋이細碎修正한者를除한外에는大體는完了되엇다고傳布되는同時其實報告書의內容은自由邦의若干領域을얼스터에移渡할것이라고提出되엇다고傳布되엇다人心이洶湧하엿다댁닐氏는委員을辭職하엿다조고만땅조각이라도어느편으로든지移渡되는대는이것이暴動의導火線이될것은分明하엿다愛英兩國은即時이問題를結束하야境界는以前대로變更치아니하고愛爾蘭은戰債責任을負擔치아니하도록하엿다그러나自由邦人民은한사람도戰債를負擔하려고생각한사람은없엇고거위一般이얼스터의領域을만히때앗어올計算을하엿다코스그레이브스氏는包圍中에入하얏다（續）

譯者附言：一九二二年一月十五日에愛爾蘭自由邦이正式成立되엇슴

愛爾蘭은東部中原과東南에處한 더인스터道十二州西部中原에處한 코노트道五州西南部에處한 먼스터道六州北部의얼스터道九州를合하야四道三十二州인데얼스터道의居住人民은大部分이蘇格蘭人及英人의後裔인新敎徒者이오英國과分離를反對하는聯合論者임

진펜黨은美洲에居住하는愛爾蘭人의創組한秘密結社의暴力團體임次號에該黨의略歷을紹介하겟슴　黑褐戰은一九二〇年六月에武裝蜂起하야警察綱을獨占하며大擧暴動한戰爭을稱함임　黑褐은黑帽褐服을意함이오其數五千八百名이오其外補助兵의名稱의一千五百名이잇엇다함

로시아 所得稅制의 發展過程

譯

로시아의存在와밋그發展은世界人의注目의標的이된것이다經濟的으로는資本主義經濟戰時공산主義經濟新經濟政策經濟計劃經濟等의階段에로轉變發展하여왓고政治的으로는사

專制政治共和政治勞農階級의獨裁政治等의過程을過程하여왓다따라서同國의所得稅制의變化는他國에比하야幾多의異色이잇을뿐아니라로시아의政治經濟의變遷過程을如實이反映하엿다이제그成立發展의大要를槪觀하면一八六〇年代에發生된所得稅制創設問題는爾後五十餘年間그實施에努力하여왓으나社會的政治的의諸障害로因하야實施되지못하다가世界大戰이그實施에有力한導因이되야一九一六年四月에所得稅收納에關한新法律이制定되엿다그러나其翌年二月에爆發된社會革命에依하야產生된共和政府는同稅法을改正하엿다가그後十月에다시爆發된볼세비기革命은同稅法을根本的으로變革하고말앗다그後戰時공산主義의進行은一般的納稅制度의重要性을減退케함에따라一九二一年二月에드되여모든貨幣的租稅의全廢가宣言되엿다그러다가同年三月에소벳트政府의新經濟政策이頒佈됨과同時에貨幣的租稅는復活되고그後一九二二年十一月에所得稅問題가再興되여그翌年에同稅制는完全히整備되엿다그리하야所得稅制의소벳트形態를明瞭히하게되엿다一九二五年春에新經濟政策이實施된以後所得稅制는一九二六年九月一九二七年十二月一九三一年六月等數次에亘하야改正補充되야畢竟現行所得稅가成立된것이다이에우리는로시아의所得稅의史的硏究에잇어서政治經濟制度의根本的變遷에伴하야所得稅라는一財政事實이如何한變化發達을經過하여왓으며또그것이如何한意義를가진것인가를硏究하기로하자

一、소벳트政府成立以前의所得稅

로시아에잇어서所得稅의創設은이미一八六〇年代로부터問題가되엿고또商工業의發達과貨幣의普及等의所得稅成立의前提條件도具備하엿다그러나國民의無智國民經濟의偏倚的發展政治組織의未發達等의條件으로因하야所得稅의實施는容易히되지못하고住居稅,株式會社稅俸給稅等의設置에依하야或은營業稅中에所得稅의思想을加味함에依하야所得稅의實施를促進하엿다

世界大戰은시로아의所得稅成立에對한決定的動機가되어一九一六年四月六日에드디어同稅制가制定되고一九一七年一月一日부터그것을實施하게되엿다同稅制는부로시아所得稅法을模範하야綜合課稅主義를採用하엿고또課稅所得의種類를分別하야「純所得으로써課稅標準을삼엇다稅率은年收入八五〇부부에對한〇•六%으로부터累進하야四〇〇、〇〇〇루부以上에所得稅에對한一二、五%에至하엿다課稅上의斟酌에關하여는家族員의數와病其他災害에依한家族員의出費額에應하야適用稅率을低下하고또小所得者를保護하엿다 所得에對한強制報告制를採用하야所得額査定上의稅務官廳의調査權限은甚히廣汎하엿다그리고所得稅의內容에잇어서資産勤勞의兩所得의差別租稅가行치안코同一한綜合課稅方法을採用하는美獨과갈이法人에對한特殊所得稅란것도업고法人의實收所得보담資本金의三%에當한純益을控制하며其殘餘額에對하야自然의境遇에와同一한規定이適用된等等의일이他의立憲的諸資本主義國의所得稅法에比하야一九一六年로시아所得稅法의特徵이다一九一七年의社會革命에依한新政權을掌握한 루보푸共和政府는戰費及社會鎭靜에要求되는經費調達을爲하야同年四月所得稅의三%의增徵을行하고다시六月에非常所得稅를徵收하엿다

二、전시공산主義時代의所得稅

一九一七年十月볼세비크革命이成功하야政權을勞兵會에서잡게되엿다新政權을獲得한소벳트政府는革命後權力을잡기爲하야所謂戰時공산主義를實施하게되엿다그래서그전시공산主義는적衛軍及軍需品工業勞働者에게最急速한方法으로生活費를供給하고旣存生産物을沒收하며土地大工業의國有化에依하야反革命을爲한財物蒐集을不可能케하라하엿다그래서一九一七年冬期부터一九二一年春期까지를전시공산主義時代라하엿고그時代의政府의主要財源은産物強制徵發國有財産의處分不換紙幣의濫發과前政府로부터繼承한租稅制이엿다그러나 소벳트政府는그信奉하는政治原理에來하

야租稅制를얼마금修正하엿고또그것으로써私的資本沒收의一手段에도利用하엿다이것을所得稅에就하야보면一九一九年三月의累進稅率이顯著하게提高된同時에一定한額數以上의所得은沒收하기로規定되엿다例하면모스코레닌그라드等의第一級地方에잇어서는所得稅稅額控除後의所得七二、〇〇〇紙幣루부(一個年)을最高限으로하고그以上의所得은다政府에서沒收하기로한것이다一九一八年十月三十日에全露中央執行委員會는百億루부의非常革命稅의徵收를佈告하엿다本稅는其性質이所得稅라하기보담차라리私的資本의强制徵收方針에가까운것이오大工業銀行의國有化産物의强制徵發私的資本의沒收等전시공산主義의徹底에伴한것이며課稅物件은急激히減少되고本稅의徵收는一九一九年半에至하야無效하게되엿다創設로부터此時까지의稅收入은겨우十五億루부에不過하엿고其後課稅物件의激減에伴한貨幣制度自體를廢止코저한政府意圖의루부慘落은事實上모든貨幣的租稅의徵收를不可能하엿다그러나一九二〇年半頃까지新制에適應한貨幣的租稅를徵收코저한租稅改革案이政府에잇어서問題가되어오다가一九二二年二月三日에全露中央執行委員會는貨幣的租稅의全廢를宣告하고말앗다

三、新經濟政策時代의所得稅

農業의衰微및農民과의提携의必要가契機가되여一九二一年三月二十三日에소벳트政府는一佈告를發하야穀物의强制徵收를廢止하는同時에收獲의一%의現物稅를課하고殘餘部分은農民의自由處分에一任하게되엿다이現物稅에關한佈告는전시공산主義로부터新經濟政策에의一大轉向期를지은것이다農民에게許諾된殘餘部分의自由處分은必然的으로交易의自由를伴하게되고交易의容認은私的商業의復活을可能케하며市場의再建貨幣制度의再興을成就케하고다라서農民의要求인物資供給을爲하야小工業의私企業을公認케되엿다그래서소벳트는政府土地의國有大工業鐵道及外國貿易의國營을確保하는同時에一種의新方策을樹立하야

私的企業의餘地를주엇으나그것은一定範圍內에서버서나지못하게하엿다그러케하기爲한手段으로써直接稅가利用된것은다음과갓다自然經濟로부터交換經濟에의政策轉向거긔伴侶되는社會經濟情勢의激變은財政政策上의顯著한變化를發生케하야一九二一年六月에營業稅를始하야貨幣的租稅는復活되엿으나完全히破壞된稅務機關으로서變轉하는社會經濟情勢속에擔稅者의負擔能力의測定도至難하게되엿다이러한過渡期에잇어서飢饉救濟와流行病預防을爲하야巨額의臨時費를必要로하게된政府는一般的市民稅에그緊急資源을求하게되엿다 此非常稅는一九二二年中에두번徵收되고其稅收入은預想以上의多額에達하엿으며이러한貨幣的租稅의徵收는自然經濟로부터貨幣流通經濟에의復活을促하엿다

政府에서新經濟政策을採用한以來에私企業은各方面에잇어서急速히發達하야所謂 NEP PAMN의進出을보게되고特히中小商業에잇어서彼等의勢力을無視할수업게되엿다政府은彼等의勢力을抑壓하고私的資本의活動을一定範圍內에制限하며아울너稅收의增加를圖하기爲하야從來何等의直接稅를負擔하지안은中間商人金利生活者及自由職業等의所得財産을標準하야此를課稅하라고一九二二年十一月十六日에所得財産稅를設備하엿다一九二三年六月二十日에는營利主義의國家企業과組合企業및私混企業에對하야는그利潤의八〇의比例稅率르서特別한所得稅가採用되엿다所得財産稅는一九二三年十一月十三日에所得稅라고改稱됨과同時에根本的改正을하게되어서前述한바와걸이都會에잇어서私的資本의過度한蓄積을阻하라는目的을가진同時에他資本主義諸國의所得稅에比하야種種의顯著한特徵을가진것이다

所得稅는普通所得稅와超過所得稅로부터成立된것으로서普通所得稅는納稅義務者를그屬한社會的階級으로부터左와如히四種으로分類하야差別課稅를成立케하는것이一特徵이다

A 賃銀勞働者及商業使用人의所得

B 手工業者와家內工業者及自由職業者의所得

C商工業企業者와、中間商人의所得及利子所得
D法人所得
에類別되고各各다른累進稅率로써本稅를課하엿으나B及C의所得에對하야는다시營業種目과其他의標準에따라서數種으로細分되고또全國을地域的으로四分하야此細別과地域別에따아서稅率을달리하엿다(註一)農業所得은一切課稅所得으로부터除外되고(特別이單一農業稅를課함)또一個月七五루부未滿의勞働者所得은免稅되엿다納稅義務者의所得總額이半個年등안三〇〇루부乃至五〇〇루부(地域에依하야不同)의勞働者所得에對하야서는一二〇〇루부乃至一、四〇〇루부를超越할境遇에는超過所得稅가賦課되엿으나本稅는所得總額에對하야三%으로부터二五%에至한累進稅率로써課稅하엿고超過所得稅는다시二五%의地方稅가附加되엿다一九二四年十月一日所得稅는改正을받고普通所得稅에對한納稅義務者分類內容의些少한變更을보이엿으며또B及C의所得稅에對하야稅率이引上한것外에超過所得稅의累進率이增大되엿다

(註一)一九二三年十一月의所得稅率은左와如함
A所得에對하야는一個月의(以下同)所得(七五루부以上一〇〇루부까지에對한一個月二一、六루부로부터累進하야所得一五〇루부以上에對한一五루부에至한다
B所得에對하야는前記의細別及地域別에依하야稅率을달니하나모스코레닌그라드等을包含한第一級地方에잇어서는最低七、二루부로부터累進하야最高一八루부에達한다
C所得에對하야는前記細別及地域別에依하야다르나同一한第一級地域에잇어서最低七、二루부로부터累進하야最高七二루부에至한다
D所得은普通所得稅를免하고超過所得稅만負擔한다

四、計劃經濟政策以後의所得稅

一九二五年春以後에私企業의活動範圍는

다시擴張되고所謂計劃經濟政策이實施되엿스나此經濟政策은生産業에企業的刺戟을與하야生産力의向上을圖하엿다그러나私的企業의活動及私的資本의蓄積을一定한範圍內에抑制하라는소벳트政府의努力은其租稅政策에나타낫다所得稅는一九二六年九月及十月에大改正을하엿는대그大要는如左하다

從來의普通所得稅와超過所得稅의區別은廢止되고所得稅는私人及私的企業所得稅와國家及組合企業의所得稅로大別하엿다前者에잇어서는所得者의階級差別稅의累進稅率의適用法을取하엿다卽所得은

A賃銀勞働者와國家年金受額者及文筆生活者의所得

B賃銀關係以外의勞働者와三人以內을使用하는家內工業者及家屋賃貸者의所得

C商工企業者와中間商人의所得及利子所得의三種으로分하고別個의累進稅率로서本稅를課하고法人의所得에는C의稅率을適用함（後揭表參照）免稅點에對하야서는全國을地域的으로四分하야種種의規定을設하엿다

（註二）右의所得稅에는地方稅二五%가附加되엿다國家及組合企業所得稅는同年十月에企業純益의計算方法을改正하엿다

私人及私的企業所得稅의稅率에잇어서는一九二二年그것과比하야所得者의階級別의差別稅를一層嚴格히하고또累進稅率도顯著히提高식햇다一九二七年十二月十四日에A所得稅를改正하엿으니그要點은私人及私的企業所得稅에잇어서A所得中에包含된文筆生活者의所得이俳優와生産組合의所得과갈이獨立의一項이되고後揭表와如한稅率을賦課한것外에A所得에對하야는一二〇〇부부以上의所得은免稅되고稅率은一般的으로低下하엿스나B及C의所得에對하야는累進率이甚히높앗다一九二九年十二月十六日法令에依하야國家及組合企業所得稅는從來純益에對한八%比例의稅率이二〇%에引上되엿다가其後다시一九二九年十月二十八日及一九三一年

六月十七日에私人及私的企業所得稅은改正補充되야現行法이되엿다現行稅法의大要는如左納稅階級에屬한社會階級의所得은

A貨銀勞動者及國家年金受額者의所得

B文筆生活者와俳優及生產組合員의所得

C貨銀關係以外의勞働者와貨銀勞働者를使用치안은家內工業者의所得

D家屋貨貸者의所得

E三人以內를使用하는家內工業者와中間商人의所得

F商工企業者와敎會의所得及利子의所得으로六分하고後揭表와갈이各各다른稅率로써本稅를賦課하게하엿다法人所得에對하야는F稅率이適用되고A所得에對하야는特別規定이有하고一個月의所得을標準하야八五루부未滿의所得에對한〇、七五%로부터累進하야二〇〇루부以上에對하야는二、八八及二〇〇루부을超越한所得額에對한三、五%으로써稅額으로定하엿다A所得에對하야는自收七五루부乃至一〇〇루부（地域에依하야不同）B所得에對하야는年收九〇〇루부乃至一、二〇〇루부其他의所得에對하야는五〇〇루부乃至八〇〇루부로써免稅點으로하엿다그리고A所得에는源泉課稅法他의所得에는直接課稅法에依하야徵稅上의效果를期待하고잇으며人的事情의掛酌에關하야는其情狀에딸아下級의稅率適用을許하고本稅에는二五%의地方附加稅가徵收되엿다國家及組合企業所得稅는前述의一九二九年十二月의改正稅法에依據하엿다

一九二六年九月改正所得稅의免稅規定

	第一級地域	第二級地域	第三級地域	第四級地域
A所得	一、二〇〇루부	一、〇八〇	六〇〇	四〇〇
BC所得	八〇〇	七〇〇	六〇〇	五〇〇

階級	1926		1927		1931	
	1•000留以下의所得	24•000留以上의所得	1•000留以下의所得	24•000留以上의所得	1•000留以下의所得	24•000留以上의所得
賃銀勞働者 國家年金受額者 文筆生活者	0•7%	4•760留十 24•000留超過額×30%	免 稅	4•236留十 24•000留超過額×30%	特別規定	特別規定
俳優 生產組合員			0•7%	4•360留十 24•000留超過額×30%	0•9%	5•455留十 24•000留超過額×37•5%
賃銀關係以外의勞働者 勞働을使用하지안는家內工業者 勞働者三人以內를使用하는家內工業者 家屋賃銀者	2•5%	5•766留十 24•000留超過額×35%	2•5%	7•745留十 24•000留超過額×54%	2•5%	7•746留十 24•000留超過額×50%
					4•0%	12•280留十 24•000留超過額×81%
					3•75%	11•619留十 24•000留超過額×75%
中間商人 商工業企業者 金利生活者 教會	3•0%	7•400留十 24•000留超過額×45%	3•0%	80330留十 24•000留超過額×54%	4•0%	12•880留十 24•000留超過額×81%
					%8•4	14•115留十 24•000留超過額×86•5%

結 言

로시아所得收入의最近狀況은如左함(單位百萬留)

年 度	所得稅收入	全租稅收入	全租稅收入에對한比例
一九二五——二六	一五一、四	一、七八七、三	八、五%
一九二六——二七	一九二、六	二、四八四、九	七、八
一九二七——二八	二三一、四	三、二五五、七	七、一
一九二八——二九	二八三、五	三、九六〇、〇	七、二
一九二九——三〇	三六九、四	五、三七八、〇	六、八

以上에서로시아의所得稅의成立發展過程을略述하엿으나此를要約하야말하면國民敎育의未發達政治組織의不備偏倚的國民經濟의發展等等의條件에依하야그成立이遲延되엿고五十餘年間의所得稅誕生의苦惱는住居稅及部分的所得稅의設定營業稅에의所得稅的思想의採用等等事實에表現된것이다世界大戰을契機로하야一九一六年에成立된所得稅는부로시아所得稅制를模倣한人稅的色彩가濃厚한것이엿고그後에成立된資本主義的所得稅는完成을보지못하고잇다가其翌年二月及十月의社會革命의洗禮를받아서根本的으로變革된것이다소베트財政制度에잇어서所得稅는農村의産物徵發과都市住民의大所得沒收의一手段으로利用되엿다其後戰時공산主義가徹底하게된結果一九二一年二月에貨幣的租稅의全廢가決議되엿으나그翌月新經濟政策에의轉向에伴하야所得稅는他의租稅와갈이一九二二年十一月에復活되고그翌年에稅制를整備한것이다新所得稅는財政的意義以外에Nopmnn의進出을抑制할만한重大한社會的意義를가진것으로써資本主義諸國의그것에比하야顯著한差異點이엿는것이오所得者의階級的差別課稅大所得重課等이行한것이다一九二五年春以後에計劃經濟政策이採用

됨에依하야所得稅의右의社會的役割은漸漸그重大性을加하게되엿다그래서一九二六年九月에根本的改正이始作되여二九年及三一等數次의修正補充에依한階級差別課稅大所得重課는더욱徹底히되여스펙스트的形態을鮮明히하엿다

一九二六年——二七年度의私人及私的企業所得稅에對하야（賃銀勞働者使用人을包含함）獨立營業者及不勞所得者의納稅人員所得額及所得稅額은如左함

階級	納稅人員 絶對數 千人	納稅人員 百分比	所得額 絶對數 百萬留	所得額 百分比	所得稅額 絶對數 百萬留	所得稅額 百分比
賃銀勞働者	七七五	四九・三	一・二〇〇	四五・五	一三・五	一〇・〇
獨立營業者	四一八	二六・五	五〇〇	一九・〇	一八・〇	一三・二
不勞所得者	三八〇	二四・二	九三〇	三五・五	一〇五・〇	七六・八
總計	一・五七三	一〇〇・〇	二・六三〇	一〇〇・〇	一三六・五	一〇〇・〇

歷年義士月曆表（月日順序）

一月崔勉庵益鉉自殺於對馬島敵獄……一九〇七

五日金義士址燮狙擊日皇大正於日京……………一九二四

八日李義士奉昌爆擊日皇昭和於日京……………一九三二

十二日金義士相玉炸破敵警署於韓京……………一九二三

十五日張義士基明狙擊敵魁於長春一九三三

十五日片義士康烈謀炸敵檢判死刑一九二五

二十二日金義士相玉大殺敵警於京城……

……一九二三

二十六日張義士小隆謀炸武藤於長春……一九三三

二月新民府創立於二十二日……一九二五

四日金義士一鳳謀炸敵將被捕在德川嚼炸自殺……一九三三

十二日李義士東秀謀殺李完用於京城……一九二五

二十五日羅義士寅永狙擊權逆重顯於京城……一九〇七

二十七日李義士壽興與柳義士澤秀就義……一九二九

三月孫義士秉熙等宣布獨立被拘病卒獄中……一九二一

一日孫義士秉熙等宣言獨立於塔洞公園……一九一九

一日南女俠慈賢起義於長春……一九三三

三日康義士秉鶴起事於上海虹口……一九三四

十五日金義士始顯起事於京城被拘一九二三

十七日白義士鳩波李義士康勳謀炸日使於上海……一九三二

二十三日新民府在吉林創立……一九二五

二十三日田明雲張仁煥兩義士狙擊韓國外交顧問須知分(美籍)於桑港……一九〇八

二十六日安義士重根就義於旅順敵獄……一九一〇

四月四日崔義士養玉等起義於楊州……一九二九

十一日韓國臨時政府及臨時議政院創立……一九一九

十六日李義士德三殺敵於上海虹口一九二六

二十八日宋義士學先刺敵魁於金虎門……一九二六

二十九日尹義士奉吉炸殺七敵巨魁於虹口……一九三二

五月十日義兵將李義士殷瓚於敵獄……一九〇九

十二日李代理公使漢膺自殺於英京一九〇五

十四日趙義士明河刺擊敵親王久彌於臺灣……一九二八

十四日金義士成範大殺敵軍於平北道……一九二五

十七日宋義士學先就義於京城敵獄一九二七
六月七日李義士德三自縊於上海敵領館獄中……一九二六
十日全國民衆大擧示威（隆熙帝因山時）……一九二六
十九日李義士義俊製擊敵督齊藤實搭船大戰於江界……一九二五
七月大同團結宣言（四日）……一九一七
六日李義士壽興柳義士澤秀起事於京城及平山……一九二六
八月一日朴將軍昇煥自裁軍營韓日軍巷戰大作……一九〇七
五日朴義士治毅起義於平安道……一九二〇
十二日金義士祉燮受判終身於東京一九二五
二十五日日本大阪居留韓國義士六人衝入陸軍火藥庫放火一人被捕……一九三二
二十五日金義士榮哲起義於國內……一九二〇
二十九日李公使範晋洪郡守範植三十六義士憤合邦自殺……一九一〇
九月一日義士姜宇奎炸擊敵督齋藤實於京城車站……一九一九
十三日金義士益湘炸擊在韓敵督府
十九日趙義士炳燮與敵軍大戰陣亡一九二七
十月十日趙義士明河就義於臺灣敵獄一九二八
十日李義士奉昌在日京被害
二十日文義士昌淑判死刑（再判死刑）……一九二七
十一月三日光州學生起義全國震動……一九二九
三日朴義士烈起義於日京
十八日李義士有榮自殺於大連獄中一九三二
三十日金義士成範判死刑於新義州
十二月十七日金義軍長秀敏就義……一九〇八
十九日尹義士奉吉遇害於日本金澤一九三二
二十二日李義士在明刺擊李逆完用於京城鍾路……一九〇九
二十二日羅義士錫疇大戰京城大殺敵警因自殺……一九二六
二十九日文義士昌淑大殺敵軍於江界
三十日閔忠正泳煥激於忠憤引刀自刎……一九〇五

韓國歷年義士活動要目

（年代順序）

一、奇山濤等以西歷一九〇五年謀刺朴齊純等五賊失敗被捕

二、羅寅永等以西歷一九〇七年二月念五日槍擊五賊之一權重顯於京城被捕

三、張仁煥田命雲等以西歷一九〇八年三月二十三日槍殺美籍倭奸須知分於美國桑港爲美官憲之捕獲受二十五年徒刑之判決美國法界認以愛國心之激發而宥之張公以一九三〇年五月二十二日自殺

四、安重根等以一九〇九年十月二十六日射殺伊藤博文於哈埠一九一〇年三月二十六日遇害於旅順敵獄

五、李在明等以一九〇九年刺擊李完用於京城鍾峴被捕判死刑

六、安明根等以一九〇九年謀刺李完用於京城被捕判終身

七、新民會員一百二十人梁起鐸等以一九一一年間謀刺寺內正毅於京城被捕判六年

八、朴尙鎭等以一九一二年組織光復團槍殺張承遠於大邱判死刑

九、姜宇奎等以一九一九年九月二日炸擊齋藤實於京城車站被捕遇害年六十六

十、金榮哲等以一九一九年八月二十一日謀刺齋藤實於京城被捕判役

一一、安敬信女士以一九二〇年八月投彈平南道廳及新義州鐵道飯店被捕判役

一二、朴治毅等以一九二〇年八月五日乘美國議員團入國時謀大舉暴動被捕判死刑年二十一

一三、林日龍等以一九二〇年八月謀舉事被捕判死刑

一四、梁權煥等以一九二〇年刺殺閔逆元植於東京判終身

一五、黃尙奎等密運大批子彈謀斃齋藤實於日京被捕判役（一九二〇年）

一六、金益湘以一九二一年九月十三日爆擊京

城敵督府

一七、金益湘吳成崙以一九二二年投彈於黃浦灘謀斃敵將田中義一吳成崙逃金益湘被捕判終身

一八、金始顯等以一九二三年三月十五日因大批彈藥之發現而被捕判役

一九、金相玉等以一九二三年一月十七日炸破敵警署斃敵多人又以同年一月二十二日與敵警大戰於京城多殺敵人仍自鎗年三十三

二〇、文昌淑等以一九二三年十二月下旬在國境江界大殺敵官判死

二一、朴烈金子文子等以一九二四年十一月三日謀狙擊敵皇於敵京被捕判死

二二、參議府將軍白狂雲之部長李義俊以一九二四年五月十九日在渭原郡馬嘶對岸狙擊齋藤實之坐船

二三、金址燮以一九二四年一月五日狙擊敵皇於敵京二重橋以一九二五年八月十二日判無期以一九二八年自殺於敵獄

二四、片康烈等組織義成團以一九二四年謀炸敵公署及大魁被捕判死於一九二五年一月

二五、金永用等以一九二五年二月十五日在敵京被捕因有謀炸擊事

二六、李泰華以一九二五年二月九日射殺敵警於平壤判死同年十月七日遇害

二七、李東秀等以一九二五年謀殺李完用於京城被捕判三年

二八、楊承甫韓震東以一九二五年謀炸平壤府被捕楊承甫判死韓震東判無期

二九、李義俊以一九二五年六月十九日與敵軍大戰於江界郡判死

三〇、金成純以一九二五年五月至十月大殺敵軍於雲山判死年二十八

三一、李榮九等以一九二五年十二月十六日被捕因謀刺李完用

三二、宋學先以一九二六年四月二十八日刀殺高山佐藤二人因誤認爲齋藤實以其翌年遇害年三十一

三三、李德三等以一九二六年四月十六日大戰於虹口因自殺於上海敵領署年二十七

三四、李壽興柳澤秀柳楠秀等以一九二六年起事國內四月大戰李興秀柳澤秀二人以一九二九年二月二十七日遇害李壽興時年僅二十一柳澤秀時年三十一柳楠秀判無期

三五、羅錫疇以一九二六年十二月二十八日大戰於京城殺敵銛多終自殺

三六、張鎮弘等以一九二七年投彈敵人銀行被捕判無期

三七、趙炳奎等以一九二七年九月十九日與敵軍劇戰於渭原郡遂以陣亡

三八、趙明河以一九二八年五月十四日劍刺敵親王久邇於臺灣以其年十月十日遇害時年二十二

三九、崔發玉等以一九二九年四月四日大戰於楊州

四〇、金中山等以一九二九年在金化郡起事謀殺敵將府事洩多人被捕惟金中山幸得逃命不爲敵人之所獲

四一、金容夏以一九二九年在美國紐育劍刺敵領事金字榮（金字榮乃韓人效盡走狗之忠於倭者）

四二、金壽岳金召胤金富卿等以一九二九年佇置炸彈於京元線三防停車場附近山中謀炸敵督被拘金壽岳年纔十八金召胤年僅二十二金富卿十九

四三、李奉昌以一九三二年一月八日射擊敵皇於敵京以一九三二年十月十日遇害年三十二

四四、尹奉吉以一九三二年四月二十九日單身衝入萬軍之中炸殺敵軍首腦環球爲之震駭以一九三二年十二月十九日遇害於倭國金澤之射擊場時年纔乃二十五

四五、柳相根崔興植李元崙李元發等以一九三二年謀斃武藤於長春被捕崔年二十三柳年二十二

四六、南慈賢女士以一九三三年三月一日謀起事於長春自殺於敵獄

四七、白鳩波李康勳等以一九三三年謀殺敵公使有吉於上海以同年三月十七日被捕白年二十八李年二十二

四八、張小隆以一九三三年一月二十六日被捕於天津因謀殺武藤張年二十七

四九、金一鳳以一九三三年二月四日被捕於德川因謀殺敵督金一鳳被捕後嚼炸彈而遂其自殺年四十四

五〇、張基明以一九三三年一月十五日謀殺倭大官於長春被捕年二十七

五一、朴敏沆李昌用孫基業等以一九三三年一月二十七日謀殺武藤於長春被捕

五二、康秉鶴以一九三四年三月三日投彈於虹口公園附近之陣亡追祭式場康年十九

重要消息

滿洲寶庫

日本政府는最近에滿洲의各種資源을調査한바主要項目은略如左함

一、木材 鴨綠豆滿拉林諸江流域及三姓地方과大少興安嶺地帶의木材資源은約三千六百十六萬八千町步인데木材의推算量은一百五十一萬三千五百萬石(飛機上에서調査)

二、鐵鑛 鐵의埋藏全量은十二萬二千二百萬噸(滿洲産鐵은熔解하기易함으로製鐵費가極히輕微함)

三、石炭 炭의埋藏全量은아직四十億噸으로概算하나實地數量은無盡藏

四、油母頁岩 撫順의油母頁岩은四千五百尺의地深으로서埋藏量은五十四億基羅인데含油量은百分之六이요現在의重油年産額은六萬一千基羅이며相繼年産額은九千四百基羅이며硫安年産額은一萬八千基羅이며骸炭年産額은九千基羅로算하는바此資源으로써石油와瓦斯燐의輸入을防止함에充分한것

五、鹽及曹達 鹽의現産額은每年四億三千萬斤(鹽은曹達工業의原料로서日本의

需要量은每年十九億斤)
關東鹽은色相이비록不佳하나含有된鹽化曹達量은百分之九十四로化學工業用에最適한것
四洮及洮昂地方은天然曹達이多産함

六、輕金屬 本溪湖五湖嘴田師布滞等各地의埋藏量은約一億數千萬基羅이고大石橋及海城附近에는地面에露出한輕金屬이數十億基羅로概算함

七、產金 埋藏量은五十五億元의價値로推算하는데一粒坪內의含有量이韓日兩地에比하야極히豐富함

巴爾幹公約之締結

羅馬尼亞希臘土耳基南斯拉夫四國間에巴爾幹協商公約이締結되엿는데該約의全文은如左

前文

巴爾幹의和平을鞏固케할目的으로써캐로非戰公約에指示된妥協及調和의精神에基하며國聯大會의歷次決議案과此에關聯된精神에照하야既存條約上의諾言을尊重키를堅決하며巴爾幹의現在한領土狀態를維持키爲하야如左한條款을議定함

第一條 羅馬尼亞希臘土耳基南斯拉夫는彼此에巴爾幹境內의邊境安全을相互保障하기로約定함

第二條 締約各國은或種情形이本約의規定한各國의利益을足히妨害할虞가有할時는彼此에互相諮商하야適當한措置를取하기로相約함

締約各國은他締約國의相互同意를經치아니하고本約에加入치아니한他巴爾幹國家에對하야如何한政治行動을取치아니하기를相約함締約各國은他締約國의相互同意를經치아니하고他巴爾幹國家에對하야何等의諾言을提供함을不得하기로相約함

第三條 本約은締約國全體가調印한日로부터實行의效力이有함他巴爾幹國家는隨後로加入함을得함加入의請求가有할時는締約各國은好意의考慮를加할지며締約各國의

同意하는通知가有한後에는加入이即時로效力이發生함

輕視치못할美國의消息

美國의著名한教育家瓦脫氏는루스벨트總統의顧問團이美國政府를推翻하야美國을赤化케하는陰謀가有하다하야美國政府를攻擊한바國會領袖는말하되瓦脫는社會上에相當한地位를有하얏스니政府를攻擊하는言論은輕視치못할것이라한다

美國의黃金流回

美國의黃金은金融의危急을因하야外國에流出되엿더니最近에至하야國內의金融情況이比較的安定함으로故土로陸續重歸하는데今年二月中에運回된黃金이四億의美元이된다한다

菲律濱獨立案의通過

菲律濱獨立案은美國衆議院에서通過되야大總統의批准까지經하얏는데今年九月一日以前에組織을始하야自治를準備하고本案의效力이發生한日로부터十二年以內에獨立을宣佈하기로하엿다더라

韓國對日戰線統一同盟의消息

近日確訊에據하면韓國對日戰線統一同盟은今年三月一日某地點에서第二次代表大會를開하얏는데創立以來의事業進行의概況과및收入支出에關한報告가有한後에大同團結體의組成方案을討議키爲하야代表會召集의件과事業進行計劃에關한件과收入支出에關한豫算案을決議하고規約及條例를修正한後에執行委員九人을更選하고今次大會의宣言을發하기로하얏다더라

世界大戰醞釀中

英國은積極으로香港周圍에縝密한武裝을施한다

香港航訊에據하면美日間에公文交換이有하야美日間의國際政局이緩和되는外觀을呈하

하며菲律賓의獨立이또한實現될狀態에在함을由하야遼東에關한英日의利害衝突이極히露骨化함에臨하야英國政府는明日의難을備하기爲하야香港에武裝을積極으로施할必要를感하고서軍事工程師十餘人을命하야細密의勘測을行한後武裝工程의計劃을定하야即時로起工하얏는데香港과九龍間에在한溫船洲에地窖을挖掘하야地下砲台十一座를築하고香港背後升旗山에도地窖를掘하야地下砲台二十四座를築하고香港銅鑼山에도無數의地下砲台를築하고九龍에는規模宏大한防空堡壘를建하는바工程의設計內容은嚴秘함으로探悉키不能하나그狀況은歐戰當時의德國人이青島를經營함과正히相似하다더라

四二六七年三月廿五日

震光社發行

震光

第四號

四二六七年（五月號）

要目

25. May. 1934.

大黨組織問題

一、大黨은웨組織되지안앳는가?

回顧하면過去獨立運動厂史에있어서 大黨組織運動은다른모든運動과같이두렷한一頁의記錄이엿다 滿洲에서의各團體統一을爲한種種의集會 北京에서의軍事統一會 上海에서의國民代表會 各地에서의大獨立黨促成會等等의活動은多數한指導分子의精力과長久한時日과多大한物力을消耗한當時當時의大活動大工作이엿던것이다 그러나그모든團結統一을目的한大黨組織運動은(그前後運動의槪念이一致한것은아니나小團體를解消하고大團體를組織하라는目的은同一하엿음)한번도成功되지아니하엿을뿐아니라團結統一을爲한每回의集會와每回의大運動이있은後에는그前보다도로혀더激烈한派黨的對立關係가或은公然한鬥爭의形式으로서或은秘密한陰謀的作用으로서發生되지안엇던가우리는今後의大黨組織을促進함에있어서 過去의그慘酷한失敗의原因을明白히認識하어야할것이다 그리면그原因은果然무엇이엇던가

1、一定共同한主義政策이없는것

一個의革命黨은一定共同한主義政策을基本的土台로하야發生進展된다함은너므나넙히普及된常識이다一定共同한主義政策을떠난集團은그것이아모리運動을爲한것이라하더라도或은아모리緊切한必要에依한것이라하더라도 또는그人數가아모리多數이라하더라도그것은革命的黨이아니오 一時的必要에依한聯合的集團에不過한것이다 過去의大黨組織運動에있어서어느때엇던集會를勿論하고個人的으로나團體的으로나一定한哲學的基礎으에確立한主義政策을提出한일이없엇으며따라서그것을共同히規定한일은더욱없엇다 去頭絕尾한「韓國獨立」「打倒日本」等의政綱만

은共同하엿으나 그것이엇던一定共同한人生觀에나社會觀에基礎한것은업섯고 또그成就을一定共同한政策에依하야圖謀한일도업섯다

그래서大黨組織을爲한種種의大集會는主義政策을떠난部分的 當面的의事件이나 少數個人或은一二團體의是非를論爭하는것으로써終幕을告하게되엿다 一定共同한主義政策을떠나서는革命小黨의組織도不可能하겟거늘엇지一國革命을代表할大黨組織이成功된것인가

2、人物的中心勢力이업는것

人物的中心勢力이란少數個人의英雄이나非凡超越한人物의集團을指稱함이아니오 大黨組織과밋組織後의事業進行을爲하야업지못할相當한人物의團結的勢力을닐함이다(相當한人物의團結的勢力이란大黨組織에參加된人物中에相互見解의差異와그外에모든相襲한傳統的矛盾關係로因하야大黨組織에妨害되는言動과作用이잇다하더라도그것을能히無力化하게하야大黨組織을完成하고그後에事業을進行할수잇을만한數의人物 皆의人物을指稱하는것임)過去의統一運動은不幸히이러한人物的中心勢力을가지지못하엿음으로因하야個人對個人의傾軋과團體對團體의反撥은最近無秩序한混戰으로變化되지안으면莫上莫下한兩大便戰으로轉化되어解決할수업는境地에떠러지고말엇다 만일大黨組織을爲한集會가잇기前에一定共同한政綱만에서라도三大團結된人物的中心勢力이잇엇다하면設或個人對個人 黨派對黨派의對立分裂로因하야大黨組織이完成되지못한다하더라도그組織運動이그자리에서挫折되지안엇을것이다 大黨이안되면將次大黨이될만한小黨이라도되엿을것이오 大事業을進行할수업스면小事業이라도하엿을것이며以上에말한一定共同한主義政策이업스면그것을互相硏究하야그完成을促進하엿을것이며다라서그不足을補救하엿을것이다

3、組織動機와目的이不純한것

全體的 一律的의일은아니나 過去統一運動—大黨組織運動은그動機와目的이同一한

革命力量을集中組織하야各各自己가그組織의一分子로서最大의奮鬪와努力을다하라는誠意에있지안코自個人또는自黨派의黨派的活動基礎를獲得하랴는 或은他個人他團體를抑壓牽制하랴는 或은逼迫된自己의社會的地位를保護하랴는等等의動機와目的下에서 大黨組織을試驗的으로運動한事實이없지않은것이다 이러한大黨組織의先驅者를가진大黨組織運動은設或大黨組織에關한다는條件은다具備하엿다하더라도個人對個人 團體對團體의軋轢으로因하야貴重한時間과精力은空然한舌戰과陰謀的作用에서헛되히消耗되고마는것이다

二、엇더케하여야大黨이組織될것인가

確實한消息에依하면韓國對日戰線統一同盟에서大同團結體의組成을爲하야努力中이라한다 大同團結體의組成을目的함이同盟組織의再擴大再強化를意味하는것인지或은從來에懸案이엿던大黨組織을目的하는것인지아직確斷키어려우나 우리는이것이나저것임을勿論하고滿腔의熱誠과誠意로써그成就를爲하야積極的으로協助코저하는바이다 그러나만일大黨組織을目的하는것이라하면그것이成就될만한모든條件의相當한把握이없이冒險的試驗을하여서는안될것이다 大黨組織에絕對로要求되는모든條件을가지지못함으로因한過去의失敗는아모代價없는時間과精力과物力을犧牲하엿을뿐아니라도로혀分裂對立이더욱擴大된結果를過去經驗에서누구나認識하지않는가 그럼으로우리는大黨組織에要求되는모든條件을獲得하며 過去失敗의原因을淸算하기爲한意見을提出하야同志諸君과갈이討論하야共同한結論과共同한努力의促進을圖하는바이다 그리면大黨組織을爲하야엇더케努力하여야할것인가

(一) 먼저各各自團體에忠實하면서

大黨組織은다른모든事業과갈이深慮한言論이나感情的通牒의方法으로成就된바아니오오직工作의實踐과事業의進行에依하야成就될것이오 有力한工作의實踐과事業의進行은團體的規模로서만可能한것이다 大黨組織의根

本的要素인黨員資格의獲得問題도各各團體的工作의忠實한實踐에依하야成就될수있으며. 主義政策의解決問題도團體的事業經驗에土台한理論的硏究에依하야可能한것이다 大黨은 모든方面에있어서現存한보든部分的團體보다優越한條件을要求하는것이어늘 이지現存한團體의團體的經驗과訓練도가지지못한 或은 그것을故意的으로迴避코저하는個人的自由主義者 主觀的過大妄想者 革命黨員으로의아모技能、資格、誠意가없는者等으로써大黨을組織할수있을것인가、그럼으로우리는大黨組織을爲한主義政策問題 各自의黨員資格獲得問題를먼저各自의所屬된團體의團體的事業과工作의忠實한實踐에依하야解決하도록努力하여야할것이다

(2) 聯合運動에努力하라

革命運動을爲한個人對個人團體對團體의思想的行動的의眞正한理解는共同한事業을合作進行하는過程中에서可能한것이다 事業을떠난千言萬談의意見交換보다 合作的事業을通하야發表되는一句의言詞가相互의理解를더有力하게하는것이다 그럼으로우리는內外情勢展에依한不可避의重要工作인聯合運動을通하야 個人對個人 團體對團體의主義政策의理解와및그一致를求하는同時에大黨組織에關한具體的步驟와方案을硏究討論하야그것의接近및그一致를獲得함으로써大黨組織을爲한上記(1)의努力을强大케하는同時에(1)의努力의不足을補救擴充하어야할것이다

(三) 個人單位로의聯結을힘쓰라

各各自團體의團體的事業과工作을 團體對團體의聯合運動을進行하는過程中에서大黨組織을爲한個人單位로의聯結을힘써야할것이니 이는一定共同한主義政策에同感된個人單位의大黨이 個個人의意見交換을經由치않은團體代表의意思에依하야多數한團體團員의姓名만을再登記한團體單位의大黨보다 黨의經綸計劃을活潑有力하게進行할수있는까닭이다

그럼으로우리는大黨組織에關한各自의意見을個人的으로擴大延長식히는同時에그擴大延

（5面　落張・脱漏：編者）

（6面　落張・脱漏：編者）

乙、統治者의地位는世襲的이엿으며被統治者의身分上自由는極端으로制限된것이아니면完全히박奪된것

나 經濟方面에있어서

甲、統治階級이生產業의經營者이오生產業에關한一切의原料를所有한者인反面에被統治者의大部分은生產의手段으로存在되어있엇고極小部分이自作自給主義의農業經營者이나或小規模의商工業經營者이엿는것

乙、被統治者의身分上自由는極히差別的이오制限的이엿으나最低限度의生活上經濟的保障은今日資本主義時代보다나흔것

다 社會方面에있어서

甲、統治階級의大部分은智識階級인反面에被統治者의大部份은無識階級인것

乙、各階級의生活上信條와모든事物에對한見解는宗敎觀念을基礎로한것이많은것

(2) 資本主義的統治階段

生產業에對한各種의科學的昌明및그것으로因한生產業의急速한發展(特히商工業)等의客觀的條件과封建的 專制主義的의統治制度의強固한存在로因한產業發展의一切障碍的社會組織을打破하고生活向上에主要한一切權利를獲得하라는等의主觀的活動은 民族의封建主義的統治制度를打倒하고民主主義的資本主義統治制度를實現케하엿다 一七六四年에英國人아라익트의水織機의發明과一七六九年에同國人와트의蒸氣利用에對한發明및大量의石炭礦과鐵礦의發見은所謂產業革命의原動力이되야英國의工商業을急速度로發展케하는同時에近代的工業工廠의施設과道路와運河의開拓에依한國際的交易關係를促進케하엿고또이것의政治的反映으로는從來의封建的專制主義를反對하고立憲的代議制의發展을促成식인것이다 이러한英國民族의產業革命과및그政治制度의改革은 世界各民族國家에非常한刺戟을與하야資本階級과都市民을中心한反封

建主義의大衆的革命이發生되야資本階級의民主主義的資本主義統治制度가樹立된것이다
그래서이制度의發展에依한이階段의特徵은如下하게되엿다

가政治方面에있어서

甲、政治制度와및그政策은資本階級中心의民主主義的이엿는것

乙、統治者의地位는競爭的이오被統治者의從前의身分上不自由는解放된것

나經濟方面에있어서

甲、資産階級과工農階級이合作的關係에서對立的關係에로轉化된것

乙、個人私有財産制度와勞働의自由와産業의自由競爭을經濟制度의骨幹으로한것

丙、無産階級의生活上經濟的保障이薄弱한것

丁、兩大階級의國際的衝突關係와連結關係가擴大된것

다社會方面에있어서

甲、資産階級의大部分은智識階級이오無産階級의大部分은無識階級인것

乙、自由主義的道德觀念이發展된것

（3）自決平等主義的統治時代（將來時代）

資本主義의發展은 資本階級으로하여금産業經營者 國家富力의增進者의地位에서無爲無用한社會的寄生蟲의地位에로더러지게하고 그競爭主義에서獨占主義에로發展되는過程中에서의資本主義는自民族의絶對多數인工農大衆으로하여금無産者化하게하는同時에全世界의弱小民族을奴隸化하게하는人類的民族的生活發展의障碍的存在로變化되고말엇다 地球의全面積—一億一千三百九十萬平方키로米中에八千九百四十萬平方키로米—即全地球의約三分二의面積은少數資本主義民族國家의植民地及半植民地로化하고 全人口十七億二千萬人中에서奴隸狀況에處한人民은十四億五千萬人이되며 그全體를壓迫採取하는資本階級은 資本主義國家人民—九億二千九百

九十萬人中에서멋百分之一에不過한數인것이다 이러한矛盾的現像의發展은必然的으로各民族構成의絶對多數인——即各民族의主人的地位에있는人民大衆의革命的蹶起를促進케하는것이다 自決平等主義的統治時代란各民族의人民大衆이自身의要求와및그指導에依한民族의發展的時代를指稱함이니 內에있어서는人民大衆의政權이確立되야 人民大衆의權利와生活의保障을目的한民族國家를組織하고外에있어서는그國力의發展과制度의改革에依한族際的 國際的의制度의平等을實現함이即그것이다

資本主義的統治制度가旣是各民族人民의絶對多數와全世界人類의絶對多數인弱小民族의生活發展의目的과兩立할수없는革命的對像으로存在되여있는以上 그制度가엇이無限이持續될수있스며 또그制度가一旦破壞된다하면엇이各民族의人民이自身의幸福을爲한自身의政權을樹立하지안켓스며 自民族의發展을民族人民自身의要求에依하야對策하랴는民族自決的目標와他民族의侵奪을抵禦하랴는民族平等의原則을實現하랴하지안켓는가 이는 民族의政治問題 經濟問題에對한希望的解釋이나道德的說明이아니오 民族의政治問題 經濟問題의發展的趨勢가自然히그러케되게할것이다

上述한바를다시總括的으로말하면 民族의發展은封建主義的統治時代——封建階級의統治時代와資本主義的統治時代——資本階級의統治時代의階段을經由하야將次自決平等主義的統治時代의階段에로轉變發展하리라는것이다 그러나民族發展의階段이이럿케轉變發展하여왓다하야「民族」그물건의本質이封建主義的 資本主義的으로變化함을意味하는것이아니며 民族의構成要素가變化된것도아니오 民族의本質이時代의推移를다라人類生活에合理또는不合理의存在로變化된것도아니다

다만民族의發展을引導한民族國家의制度와組織이變化되고그制度와組織의引導權을獲得한統治階級이替代되엿을뿐이다 民族은언제

나民族이다 民族은封建階級이나資本家階級도아니오 人類의生活歷史의發展過程中에서強固히沉澱된一個의實在으組織이다

그런데前者二階段時代의發生과消滅의原因을民族人民의生活上關係에서考察하야보면「民族人民의生活을擁護發展함에有益한力量이된다」는것이各階段의時代를發生케한原因이된것이으「民族人民의生活을擁護發展함에防害가된다」는것은各階段의時代를消滅케하는原因이된것이다 封建的專制主義가從來의地方分割的統治制度를打破하고單一的統治制度를樹立하야 그民族人民의生活을擁護發展한그것은封建主義의發生과維持를可能케한根本的原因이엿으나 封建主義의末期에至하야그民族人民의經濟的發展을防害하며 生活上權利를餘地업시抑壓한그것은封建主義를消滅식인重要한原因이된것이오 資本主義도이와同一한原因에依하야發生되고또消滅될것이다 그리고民族發展에關한各階段의共通한客觀的原因은(1)外部的衝突——即他民族과의戰爭의勝利或은失敗 (2)民族構成要素의確固와및그發展 3科學的昌明과및그發展過程等의條件이라말할수있고 그主觀的原因은民族人民의民族意識의強固와및그發展이라指摘할수있는것이다 그러나主觀的原因인民族意識은

民族國家의制度와組織이그民族人民과有力한互助的關係로存在되어잇을때에나或은그互助的關係의存在가危險하게될時에强烈하이지나 그反對로民族國家의制度와組織이 民族人民의生活과對立的存在로展開될때에는 그民族意識이그時代의反逆的民族意識으로變化한다 封建主義的民族意識에서資本主義的民族意識에로 資本主義的民族意識에서無産階級的民族意識에로이렇게轉化發展하는것이다

(待續)

(以上의論은다만歷史的事實의說明을必要로하는것이나筆者의種種事情으로因하야그것이如意치못하엿음은甚한遺憾이다
歷史的事實과本論과의合致不合致는讀者諸君의歷史的智識과및 그硏究에一任하라는것이다)

條約以後의愛爾蘭 (續)

그러나英國戰債의責任을免除한것은事實上重要한일이엇으며一九二三年에처음展開된局面을維持欸同케하얏으며自由邦의全國債約一年歲入額에不過하얏슴으로英國과같이低利로愛爾蘭內에서起債할수잇게하얏고所得稅를英國治下時그것보다輕減할수잇게하얏다財產家들은游獵次로든가저고故土로도라오기를始作하얏다그러나境界問題以外에立法案中特히禁酒法案이攻擊의的이되엿다選擧民은 데낼러라氏의新態度에對하야퍽이緩和된結果一九二七年七月十日選擧時에데낼러라氏派四十四人에比하야코스그레이브스氏派四十六人으로減少되얏다議會議員一百二十五人中少數派는條約贊成派이엿고主力反對派는如前히參會치아니하얏다如此中同年七月十日에至하야議會副議長캐빈오히긴氏單身으로日曜日午前禮拜에參與次로教堂에前往하는途中더블린市外에서銃殺되매全國은恐怖하얏다加害者는逃避하얏다愛爾蘭共和軍은自衛의所行이아니라고聲言하고데밸너라氏는其行爲를糾彈하얏다 코스그레이브스氏는嚴格한公安法案을提出하는同時에當面하야辯論치안는反對派를制止코저選擧後補者로하야곰반드시宣誓에服從履行토록此에關한法案을提出하고八月末에급잔이總選擧를擧行하얏다데밸러라氏는此宣誓를一種空式이오또한此에不過할者라고斷定하얏다選擧民의反感은怪異하얏다主力兩派는各其人數를增加하니코스그레이브스側六十一人데밸더라側五十七人이엿다그럼으로勞働黨과舊領袖의子캡틴레드몬드氏의指導下의幾個의民族主義者를合하야聯立政府를組織하야 코스그레이브스氏를代立하기可能하얏으나少數派一同은데밸더라氏를投票치아니함으로 코스그레이, 브스氏再入하얏다

一九二八年에現狀은주더鮮明하엿다 대밸러라氏는自己及自黨이就任하는時는條約을一種의遺産으로受理하야平和的談判으로改革하겟느라聲明하매戰爭의威嚇은업게되엿다그反面에 오히긴氏를繼承한議會副議長인手腕家의財政大臣블라이트氏는自黨宣言을發佈하되『우리는愛爾蘭이英聯邦內에在하야自由와保障을享受함이英聯邦外에서보다大할것을信한다英聯邦內에서行할바의政策은各聯邦間의變則的關係를除去함에잇다』하엿다

이方面으로는이미進行된事多하엿다一九二三年에自由邦이國際聯盟에參加되는時에條約은一種國際的締約으로登記되엿다그다음領土會議時에캐빈오히긴氏는使倆을發하야英帝國의一優腦의名을得하엿다愛爾蘭은南아푸리카와相應하야領土領土間의完全平等을主張하야步步推進하엿다氏의死後此事業은靑年댁질리간氏에게歸하엿다그의法律上經歷은그에게한助力이되엿다美國이率先하야 더블린에公使館을設置함으로서自由邦을承認하고一九二八年에自由邦은羅馬、巴里、柏林에公使館을設置하고一九三〇年부터法皇의使節及法德의公領使等이 더블린市에來駐하엿다

그뿐아니라 쇄논地方이지금은電氣를全國에供給하며平和는十分確定된듯하매公安法은撤廢되엿다그러나 오히긴殺害犯의代首人으로는한사람도捕捉된者업엇다議會會議席上대밸러라氏派一人이오히긴暗殺事件을非難攻擊하는時에議員中으로부터『그대가犯人逮捕에對하야助力하겟는가』하는質問이잇엇다이에對하야그는『나를告發者로아는가』對答하엿다이한마디의말은俗語를지을만한注目할말이엇다이것이一世紀以來愛爾蘭革命運動에의秘密結社의革命運動이生한바의法에對한態度이엇다愛爾蘭은아직것一個國家의資格으로法을法으로自體의意思表示로 各個人民이擁護할것으로尊重하기에는 이르지못하엿다도리혀犯罪者는적어도消極的으로라도保護되엇다누구이고政府를政府라하야서擁護하려고는아니하엿다

一九三〇年에는前驅的震動이發生하엿다언제이고強硬한經濟家뿔라이트氏는養老金을英國의率에引上할수없다고反對하되理由로는稅入의大部分이農民의負担인以上方今農業의不振으로는不可能하다는것이엿다그反面에대밸러라氏는勞働黨後援下에서貧民擁護者로出揚하야政府를이問題로攻駁하엿다 코스그레이브스氏는辭職하엿다其代에 대밸러라氏가大統領으로推荐되엿으나勞働黨이投票치아니하매勞働黨領袖가推荐되엿으나亦是無效된으로코스그레이브스氏가再任하엿다그의政府는內政에關하야高壓的手段을些少도弛緩함이없엇다同時에英國을追窮하야愛爾蘭의王（英王을指함임）은반드시愛爾蘭政府의建議에基하야動作할것이오愛爾蘭의建議는以前과如히殖民大臣을經할것이아니오直接提出될것이라는主張에是認케하엿다

此際에대밸러라氏는新旗幟를擧하야先鋒에立하엿다一九〇三年以來의樹立한主義는土地를地主로부터買入하야小作人에게移渡하되納稅대신에年賦金을六十三年에延長하야配付케하기로함이엇다英國財政大臣은擔保附의特別土地證券을發行하야資金供給에充當하고年賦金을代收하야證券所有者에게交付하엿다年賦金은前例의納稅額보다低하엿다 으인드갬氏의土地購買方案은寬大的이으懷柔的이라고民族主義者들은評하엿다年賦金配拂은自由保有權의權利를增進하는者임으로用意的으로支拂되여왓다그러나 대밸러라氏는自巳及法家의證維한法的解釋에據하야英國의國債에對하야愛爾蘭이責任이없는以上年賦金은宜當히愛爾蘭에屬한者이니愛爾蘭이收合하야愛爾蘭農業利益에使用할바라고主唱하엿다 코스그레이브스氏는此에答하되自己政府는英國과議定하야土地證券을別個條件으로處理하엿고愛爾蘭이收合하야英國에傳渡키로하엿다고하엿다

대밸러라氏는該議定이國會의批准을經한者아니라고答하엿다愛爾蘭農民多數는年賦金을免避할수있는것으로推斷하엿다

政府不信案은峻嚴한新事例로서追加되엿

다公安法이撤廢된後愛爾蘭共和軍은더욱廣大하엿다武裝演習은頻繁하엿다陪審官들은흔히脅迫狀의禮物을받엇다陪審官으로有罪評決을下한者이거나證據提供에立證한者는無餘이暗殺되엿다비록一九二九年에改定된法律로는十二員의陪審官中九人의陪審官으로評決할수있엇으나評決言渡는不可能하엿음으로恐怖主義는蔓延하엿다 코스그레이브스氏는此에對策으로軍法裁判所의事物管轄을擴張하야死刑까지適用하는權을與하엿다오즉死刑은執行된者없엇으되多數의愛爾蘭共和軍은被鋼되엿다秩序는恢復하엿으되全國에憤怒되엿다一九三二年總選擧時에議會議員一百五十一人中코스그레이브스氏派六十五人에比하야 데밸러라氏는七十二人을得하엿다勞働黨員七人은最後로共和主義者의首領을拘束을加하여서일지라드政權에立하게할수있엇다

데밸러라氏는時間을잃지않고即時條約에插入된宣誓條文撤廢案을提出하엿다그의交替的反對論點은條約이強制下에締結된것이오그러치않다하여도英聯邦諸員이同等地位를가진以上純愛爾蘭事情에關하야英國이干涉할權利가없다는것이엇다그러나上院은此案을同意치아니하엿다十八個月內에下院의否認이없으매宣誓條文은그동안存續有效하엿다一九三三年에至하야撤廢는完成되엿다一九三二年六月份年賦金과코스그레이브스政府時代의愛英兩財部의協同貸付金中未賦拂償還金을모다執留不納하엿다데밸러라氏及氏와律師의爭議點은愛爾蘭이英國國債로부터解放되엿고此種款項도亦是英國國債의一部分인以上納付의責任이없다함이엇다英國의答은條約은반드시認遵하여야할것이ㅇ國與國間의財政問題는後繼政府가前任政府의責任을負擔하는法이라하엿다그러나自進하야同問題를英聯邦裁判所—英聯邦內에서聯邦員으로選出組織된——에提出하야解決하자고提議하엿다 데밸러라氏는答하되過般境界調査의實証經驗에鑑하야此種法庭의公正을期待키不能한즉海牙仲裁에提出하자하엿다英國은印度에對하야先例를與할慮로써拒絕

하엿다

이와同時에英諸領屬의相互的英帝國的優先利益을爲한第一次의重要計劃의會議가加奈陀오타와市에開催되엿다英國은此事實에鑑하야愛爾蘭과何等의談判을하려하지아니하엿다加奈陀濠洲及新錫蘭은愛爾蘭剩餘食料品의唯一輸出市場인英國市場內의一競爭者이엇다此諸領屬은便宜를得하엿다愛爾蘭의爭議問題를此會議內에서解決코저하엿다그러나何者이고 데밸러라氏와談判의終結을맺지못하엿다愛爾蘭은드듸어脫退하엿다同時에英國은執留된五百萬磅의補償策으로一切愛爾蘭輸入品에對하야二割乃至四割의特別稅率을課하엿다

데밸러라氏는이를愛爾蘭人民으로하여금經濟的自足을圖케하이라하야歡迎하엿다輸出의目的으로家畜을産出하는代身에 穀物을産出케하며 코스그레이브스政府創始의甜菜糖産出을擴大하엿다一九二六以往의 맥다이드氏提案의選擇保護關稅制度를廢止하고英國産品石炭、毛織物及其他商品에關한差別對遇의條文을有한一般稅率로替代하엿다英國市場에輸出目的으로牛、馬、羊、牛豚、家禽及雞卵等의産出을爲主하여오든生産努力은自家所要物의生産目的으로轉向하엿다데밸러라氏는全國에訴하야오랫던수와의此戰爭을後援하여달나하며敵과의締約이나債務한것을遵守履行할者다하는者는反逆이다고聲討하엿다剩餘의牛豚及生畜은如前히英國에輸出되엿다此의所得은輸出業者에局限된者이오産出者에는無關한者이되愛爾蘭人民의輸入品에對한負稅額은正히相殺하엿다

데밸러라氏는自己가貧民擁護者임을民衆에게알리엿다愛爾蘭의財富는大農民階級에있음으로戰爭은大農民들에게더러젓다 코스그레이브스氏는愛爾蘭을腐棄한舊型式下에存榮하는一國家로造成하려하엿다그는富豪와餘産있는借地人들을誘引하려하엿다總督官邸는款待厚遇의中心場所가되엇섯다自由邦이成立되든其時에第一回總督選任에關하야一新例가成立되엇다傳統的英貴族代身에 파넬氏의俊

秀한副官中一人인「民衆之老」칠리氏가被選되엿다 그러나氏는變通업는鈴王主義者이엇다五年後一九二七年에滿期退職하대 댁닐氏繼承하니氏는舊教者의民族主義者이엇으나亦是曾經印度文官事務員으로頭角을드러낸者이엇다英王의代表를마지함에는愛爾蘭國歌「軍人의노래」로하야왓고英國國歌「上帝는우리皇帝를도으소서」는使用치아니하엿으나코스그레이브스政府는諸般禮式을維持하엿다共和主義者들은英王의親身이거나其代表者를不認하고彼에對한禮式은一種無用의儀禮이오非民主的이라고排斥하엿다高帽는一種表號에不過하엿다그리하야新政體下에在하야는總督邸에在한 맥닐氏의存在가無視에歸하엿다 댁닐氏는愛爾蘭政府의辭職勸告에從하야去職하엿다其代에 데벌러라氏의黨人버클리氏가揭後에立하야다만憲法에依하야普通法制에署名기만約하고就任하엿다

이러하야愛爾蘭이비록名義上으로는領屬이나코스그레이브스政府의默認한英國의管轄에拘束된一切自由를開拓하엿다愛爾蘭은關係를斷絕할수잇섯다 데벨러라氏는國民의許諾에따라自己의求心인關係斷絕을어느날에고하겟다고하엿다

此時愛爾蘭共和軍으로前政府當時에投囚된諸人은釋放되엿다愛爾蘭共和軍는多量의武器를輸入하엿다이것이傳布되매反對派는總選擧가되는時에投票區域이此團體의統制下에在有된가疑慮하야「軍人同志」라는反對團體를組織하엿다組織者는共和主義者愛國者에게被殺된 오히긴氏(氏의父도同手에게被殺)의弟이엿다 團體는武裝은아니하기로하고普通市民權及自由ㅣ特히言論自由ㅣ를保護하기에準備하기로하엿다該體는漸漸擴大하엿다同時에、코스그레이브스派와其他獨立한團體와의聯合運動이起하엿다其中에特殊히드러난두사람는古領袖의子띨른氏와古名門家께일릭家系의宗家인 덕더몰氏의弟이엇다이두사람은學識과手腕으로出衆하엿다當時데블린市長으로顯名한 따이언氏는公開的으로聯合을提議하

엿다그러나이聯合運動이더進行되기前에 데밸러라氏는總選擧를開始하엿다氏는預想外에議會人數半數에一人이多한七十六人을得하엿다共和國을宣言치안켓다는言質은한바업슴으로宣言은自由로할수잇엇다

그러나實際에그리된일은업섯다警察隊長오더피大將은免職되엇다氏는能才이오組織에名聲이잇는者라이제「軍人同志」에加入할自由잇스대加入하니 오히긴氏는總裁의자리를氏에게讓渡하엿다 오더피大將은「軍人同志」의名稱을改하야「國民衛隊」라하고藍衫으로써標章을삼엇다組織은迅速한程度로成長하엿다 오더피大將은國會式民主政體에敵對한宣言을發하엿다 데밸러라氏는此를軍事的政變을謀하는者라하야코스그레이브스氏가愛爾蘭共和軍에對하야使用한그法律로써「國民衛隊」는危險的組織이라하야軍隊로써集會를禁止하엿다

結果는反對勢力으로하야금 오더피大將을總裁로삼은「聯合愛爾蘭」이라는新組織을造成하엿다 코스그레이브스氏로議會의代表領首를삼고副代表로 맥더믇氏를任하엿슴 딜론氏도要位를占하고 코스그레이브스氏의昔僚人들도加入하엿고 블라이트氏及멀케히大將은提携가親密하엿다

到今情勢를볼지면經濟戰爭은愛爾蘭農民에게沒落的結果를與한데不拘하고支持되엿다雇工으로써作業치못하는小階級을誘說하야耕作에懈怠한者잇스면土地를그로부터奪還하야주겟다고하엿다同時에大農民은課稅를納付키不能하며或은納付키를不肯하매地方金融은處處에紊亂하엿다이農民群의一隊는特別法下에謀叛罪로軍事裁判所에引致되엿엇스나結局엔釋放되엇다農民社會가一般的으로富裕한그地方에잇서서는打擊은結局에政府로도라갓다

그러나데밸러라氏는議會內에在하야勞働黨의後援으로써自己의基本多數를保有할수잇엇고失業者及其家族에對한等級比例의救濟案으로써一般勞働階級及貧民을慰撫하엿다이와同時에「國民衛隊」는新政治組織과合體하야

셔存在의權利를擁護伸張하엿다 愛爾蘭共和軍은 機關紙로써强硬히聲討하되『反逆者에게는言論의自由가업다』하엿다 오더피大將은自黨集會에對한强烈한攻擊에도不拘하고斷乎한決心과勇力으로써運動을進行하엿다警察은防害者의行動이投石射擊에至할지라도그를拘引치는아니하엿다그러나愛爾蘭共和軍은 데밸러라氏에게不滿하야그의半心的政策을排擊하엿다

同時에兩院을無事히通過된案은即總督의法制署名裁可及英樞密院에控訴權(他領屬의要認하는)等의撤廢이엇다그러나船絃은絶斷되지아니하엿다 아직것關係斷絶을實行치못하엿다共和를宣言한다하면南派의共通한最高目的인新敎派의 얼스티道를聯合한統一愛爾蘭의希望은瓦解될것을兩派는共認함이다이리하야愛爾蘭은政治的經濟的으로아직것分明한政策을세우기에不能하고躊躇와過度의狀態下에서얼마동안을더滯留할運命인가한다

譯註 前號二五頁第一欄十一行『大會』는『議會』임

前號二五頁第一欄十四行『大會代表』는『議會議員』임

前號二七頁第二欄末行『法令』은『法律』임

黑褐團은一九二〇年六月에英國으로부터派來된者이니愛爾蘭警察을執行하야革命黨을對待的恐怖主義로써暴壓하야大界暴動한者이다愛爾蘭革命黨對黑褐團戰을黑褐戰이라한다英의凶暴한此種手段은愛爾蘭의革命을助長하엿고對英敵對心을더욱創造하엿으며歐羅巴諸國과大西洋건너편諸國의咜罵의的이된것이다

씬펜黨의略歷

빈텐黨은一八五八年에 쩐오마호늬氏가
美國에서創造한愛爾蘭革命團體의秘密結社이
다빈텐兩字를或은譯하되『우리들自身으로서
』라한다英百科辭全을參照하면빈字의解說은
없고텐字의解說만있으나거기에는愛爾蘭人의
口碑로傳誦되여내려오는古說의西紀二五〇年
代의愛爾蘭武人徒黨의領首핀 맥 컴헤일
에依함이라하고同黨은外來族을擊退함으로有
名하야民俗說로傳來하는것이라한다 쩐오마
호늬氏는 윌리암 스미뜨 으쁘라앤稱義(
一八四八年七月에 氏가軍事指揮部를組織하
야 멀린개리地方農民으로써擧事하려든것인
데運動의凝聚力의不足으로因하야失敗하고
氏는死刑宣告되엿다가後에減刑되야濠洲南에
在한 태스마니아島에流刑)時에 此에參加
하엿다가失敗되매美國紐育으로亡命하야 빈
텐黨을組織하엿다黨員은事實上成立된愛爾蘭
共和國에盡忠하겟다는宣誓로써義務를締約하
고上官에게絶對服從하며命令이내리는時에即
時武裝出動하기를盟誓한다 組織은佛蘭西大革
命時에過激共和主義의 잭코빈俱樂部를模範
하얏다한다派脈은全世界各地濠洲、南美、及
加奈陀와그중에도美國에만히있엇고英國에는
人口만흔地帶로 론돈 만체스터及리버풀、
에있엇고巴里에는公安委員會와補助委員會及
其部門團體의俱樂部가있엇다그의活動은秘密
裏에서責任없고드러나지아니한사람들로써運
轉되엇다第一回大會가 오마호늬會長下에一
八六三年十一月에美國치카고市에開催된후부
터活力을呈하엿다한다이와同時에『愛爾蘭人
民』이라는革命雜誌가 제임스 스티븐氏의
主筆로 더블린市에抬頭하얏다 스티븐氏는
오마호늬氏의親友이오氏와함끠一八四八年擧
事의同人이엇다毋論빈텐黨員이엇다一八六五
年南北美戰爭閉幕時에多數빈텐黨員ㅣ南北美
戰爭에參加하엿든將校들ㅣ은 더블린市에携
械集中하야計劃은成熟하얏엇다例의偵探의告
發로因하야『愛爾蘭人民』은發行禁止되고
빈텐黨의主要分子數人은懲役을蒙하엿다監獄
看守의周旋으로 스티븐氏는脫獄하야佛蘭西

로逃避하엿다

美國에在한씬펜黨部는其時會長로버트氏下에加奈陀侵入을計劃하엿다愛爾蘭共和國의公債券을發行하야軍資를募集하고多量의武器를買入하엿다計劃은公然進行되엿으되其時美國大統領앤드류 쩐쏜氏는防止하려하지아니하엿다氏는此運動으로써 알라바마號(南北美戰爭時에英國이南方聯盟에供給한)問題에對한有利條件을삼으려한이엇다 씬펜黨의陸軍總長은 스위니大將(一八六五年一月至翌年十一月까지美國軍籍에서暫時除名)이엇다司令은 전 으닐氏에게委任되엇다氏는八百餘名의革命軍으로써一八六六年六月一日에나야그라江을渡하야 에리炮台를占領하엿다가加奈陀義勇軍에게敗退되여美國軍艦미치갠號에引渡하엿다武器는回收하엿다一八六七年十二月에 전 오닐氏가總裁로被任한후翌年에美國필라델피아州에大會를召集하니參加한信任派遣代表四百餘人에達하엿다六千名의武裝制服한黨軍은市街로整隊遊行하엿다此大會에서第二次加奈陀侵入計劃은成立되엿다萬五千挺의步銃과三百萬發의彈丸은紐育州에在한 옥든스벅(加奈陀와隔江)과 쎄인트ㅣ알반스(加奈陀와隔江)에在한信任諸人에게分貯되엿다時는一八七〇年四月中이엿다大事는不幸히其時의愛爾蘭共和軍檢閱總監인헨리 레캘른 이란者가英國의偵探이엇더서亦是失敗에歸하엿다

同時에愛爾蘭內地에서도翌年에舉事할計劃으로 스티픈氏는美國에서軍資를募集하엿다英國西北中原뎐케사여地方에在한 씬펜黨部는此計劃에相應하야 英國中原西部에在한 체스터 를襲擊하야該處에貯藏된英國의兵器를占領하며電報線을斷絶하며鐵道車輛을占領하야英國中原西部沿海에在한 홀리헤드島까지의運輸에用하야該地의船舶을占領하야對岸에在한愛爾蘭首都더블린市로直走하야英國의干涉이이르기前에該地에到着하려든것인데 스티픈氏의最信任하든 조세프 크로이돈이란者의間諜으로因하야失敗되엿다

一八六七年九月十一日에、탐아스ㅡ켈리正領(中央組織部代表)과 띄시大尉가同伴하야英國안채스터地에開하는在英各黨部全體會議에參席하러갓다가被捕되엇다同月十八日에 法庭으로護送되는時에 신펜黨은護送馬車를攻擊하엿다護送馬車中에在하든警部뿌렛트는被殺되엇다 켈리正領과 띄시大尉는逃脫하야美國으로갓다 켈리正領은紐育海關에得職하엿다被捕된五人는全數死刑宣告되엿다其中의一人ㅡ콘돈ㅡ는美國籍인關係上美政府의請求에依하야減刑으로無期懲役되엿다同月에 신펜黨員리차드ㅡ뻑氏가 콘돈監獄에被囚되엿다火藥의爆發는監獄牆壁을破壞하며十二人의死亡者와一百二十人의重傷者를生하엿다

데밸러라 콜린 코스그레이브스 오의긴 멀케히大將等의愛爾蘭革命運動의主力分子는모다 신펜黨이엇다同黨의戰鬪方法는如左하엿다

一、間歇的으로巡査를射擊

二、頻速度로巡査를射擊

三、遠隔地의兵站所를襲擊하며巡査와背黨者를恐喝

四、革命運動을阻害하는職業에從事하는民間反革命分子를射擊하며爆彈 拳銃步銃으로黑褐及其補助員과正規兵과英兵에게告發한嫌이有한者를埋伏法으로襲擊

五、放火及他方法으로公私財産을破壞하며資金을威脅募集하며英人의偵探事務를醜化하며自體의最功效的偵察事務를進行

資金은公債證券或威脅으로募集하고自體의資金辦備機關으로는大商事組織이잇엇으니 前大統領코스그레이브스氏는此機關의財政委員長이엇다

變節者에게 一椎 (乙來生寄)

一、

人間의가장善美한同志的盟誓와및그義理를忌憚없이背反하고仇敵의旗幟下에로다라난變節者諸君! 諸君이만약是非를分別하고善惡을判斷할만한一點理性이아직까지諸君의마음속에남아있다하면 區區한一身의口腹을爲한諸君自身의變節的行動이얼마나卑劣하고慚愧한反革命的反人間的行動인것을스사로느길수있을것이다 그러면諸君은무엇때문에自己良心의苛責을免치못하고또前日同志에嚴重한警戒를迴避할수없는그重大한罪過를犯行한것인가 吾人은推斷컨대「무엇보담自己一身이生活하여야겠다 自己一身의生活을爲하야서는무엇이나不顧하겠다」는가장淺薄한人生觀우에環境의逼迫과運動에對한自己의좁은主觀的見解ㅣ 衆寡가不敵이오強弱이不同이니徒勞無益이라는自劫自退의落望 無質力 無財力 無背景 無團結의現狀으로써는到底히成功을難望이라는自暴自棄의心理 設或成功되는時가있다하더래도그것은自己가享受할수없는漠然無期의일이라는利己慾의失望ㅣ을加하였음이諸君으로하여금그無恥의길로드리서게한原因일것이다

二、

吾人은決斷코生活을否定하는者가아니오도로혀人間의本能的意慾인健全한生活의維持와向上을主張하는者이다 그리나自己一身의生活을爲하야社會ㅣ더욱이革命社會ㅣ에害毒을주는者와 自己一身의區區한餘生을延長하기爲하야 自己의兄弟를屠殺하는仇敵의勢力下에納頭屈膝하는變節份子의行動을어찌生活을爲한것이라하야그것을容納할수있을것인가 人間은原來社會的存在인것만큼 社會的存在에違背되는反社會的存在를容許할수없는것이며同時에더욱이革命運動은革命戰線의道義를背反하고規律을破壞하는惡類ㅣ變節反動

份子ㅣ는自由로放任할수없는것이다

諸君이만약우리의運動이얼마나많은苦難과犧牲中에서發展된것을認識하얏다하면 敵의勢力은極度로矛盾과反撥을內包한一時에번득이는銃劍에있고우리의運動勢力은合理的또는不可抗的인內外革命同志의鞏固한團結과및그發展에있는것임을認識하얏다하면 運動은不斷한鬪爭의過程中에서모든力量을獲得할수있는것임을認識하얏다하면 敵은有에서滅亡에로다름질치고우리는無에서有에로有에서發展에로向上하는것임을認識하얏다하면 運動은自己를爲한것이오自己는運動을爲하야할것임을認識하엿다하면 아다도諸君은그無信無義한길로가지안엇을것이다.

三、

諸君의犯過가우리運動線上에끼친害毒은實로적지않은것이다 一般民衆으로하여금革命의氣魂을減退케하며戰線의紀律을紊亂케하며後進者의信念을墜落시키며敵의勢力을增長시키는等等의모든惡結果가諸君의變節的行動의産物이아니고무엇이냐 만일諸君이過去의莫大한犯過를改悟치않고 그대로無恥한行動을繼續한다하면 우리는民衆의革命精神을促進하며 戰線의紀律을嚴正히하며 敵의追隨勢力을撲滅하며 우리運動의活潑한全體的進展을爲하야變節份子의行動을強力的으로抑壓하지않을수없는것이다 諸君은再三생각하는바있기를바라는바이다

消息片片

四月

四日 印度革命領袖들이英政府에서制定한新憲法을反抗하기로決定.

蘇俄와拉脫維亞、愛沙尼亞、立陶宛等三國과의不侵犯條約은十年을展期하기로決議

六日 台灣海峽에서大規模의作戰演習을하던日本第三艦隊는台灣高雄에到着

德國은벨사유和約을修正하기爲하야明年海軍會議에參加하기로決定

十二日 日軍第十六師團及第三師團全部가滿洲로向하야陸續開拔

林銑十郎은其胞弟가東京疑獄事件으로因하야役刑의判示를受하엿음으로陸長의職을辭免

十三日 雲南邊境에서班洪民衆과英兵사이에戰鬥가發生되엿고法兵은乘機하야蛾哈衆을使하랴고計劃

十六日 일三스三高麗部黨員崔高麗를中心한數十隊의秘密工作隊는滿洲와國內에潛入하야活動中이라는바日滿警察이搜得한秘密文件에依하면 그들의任務는 一、各項調査 二、武器運搬 三、抗日會援助 四、各種民衆團體의收買와밋赤化宣傳 五、反亂軍隊의懷柔等等으로判定

十七日 日外務省에서中國과國聯及各國과의合作事業을反對하는意思를非正式으로負責表示

十八日 日外長廣田은六國公使를招致하야各國에對한外交方針을指示

日外務省의十七日聲明에對하야英美法義等諸國의輿論는反對의意思를一致表明

五月

四日 英政府는遠東의既得權益의保持를爲하야星加坡의軍港을擴大하고大帽山에軍事上要塞을築造

五日 英政府에達한秘密情報에依하면法國에서將次軍縮會議의解散을提議하랴는策動이判明

六日 英國이世界市場을分配하야日本의棉布輸出을限制하랴는主張을日本이拒絶하면英國은不得已日本에對하야通商宣戰을佈告하갯다는覺書는英國通商大臣이駐英日使에게交付

雜錄

美國의空軍編制

美國空軍總額의百分之六十은 驅逐隊百分之二十은 攻擊隊百分之二十은 轟炸隊인대編成의內容은如左함

分隊 一架의飛機와및此에必需되는飛行員並機械員으로써編成

小隊 最少의戰鬪單位로서隊長은正尉로써任하고副隊長는隊長으로부터中隊長의同意를經하야指派

驅逐小隊 飛機八架 軍官된飛行員八人 機械士된士兵二十人으로編成

攻擊小隊 軍官十六人(八人은飛行員八人은射擊手)士兵約三十人飛機八架로써編成

轟炸小隊 軍官二十四人(飛行員이六人이고其餘는射擊手及擲彈手임)士兵約三十人飛機六架로써編成함(轟炸機는雙發動機를用할뿐만아니라機體가龐大且重함으로每小隊에六架를配置함에止함)

中隊 中隊는戰術及管理의單位로서戰術上大隊의一部에不過하나或是로는獨立한戰術를擔任함도有함

中隊는中隊本部、工程組、槍械組、通信組、及戰鬪小隊로써編成함 驅逐及攻擊의各中隊는三個小隊로하고

轟炸中隊는二個小隊로함

中隊本部에는運輸科、給養科、作戰科를設置함

中隊本部의職員은如左함

參領隊長一員

正尉作戰科長一員

正尉工程科長一員

副尉副官一員

參尉給養科長一員
參尉運輸科長一員
參尉槍械組長一員
參尉通信組長一員

驅逐中隊는軍官三十二人士兵二百十五人飛機二十五架로써組織함

攻擊中隊는軍官五十六人士兵二百二十五人飛機二十五架로써組織

轟炸中隊는軍官五十六人士兵二百四十人飛機十三架로써組織

大隊　大隊本部의編成은中隊本部에設置한各組各科가有한外에情報組를添設함

各大隊에는四個戰鬥中隊를附屬케함

但戰時에在하야는航空場의容量과指揮의難易를計하야增減함을得함

攻擊大隊와轟炸大隊에는一個寫眞分隊를附屬케하야戰地와戰況의印寫를專務로하는대副尉分隊長一員士兵二十名으로써組成함

特務中隊　特務中隊는各中隊의缺員을補充하며大隊에서要하는材料와給養을補充하는任務를掌함에止하고作戰任務는擔任치아니함

大隊本部의職員은如左함

副領隊長一員
參領作戰科長一員
正尉副官一員
正尉給養科長一員
正尉工程組長一員
副尉情報組長一員
副尉人事管理員一員
副尉作戰科副科長一員
副尉運輸科長兼給養科副科長一員
副尉槍械組長一員
副尉通信組長一員

右各員은當該組當該科의事務를專掌한外에部下各中隊에所屬한同性質의事務를指導함

大隊本部에는直轄하는飛機四架를備置하

야二架는大隊長의指揮나視察에供用하고二架는人員輸送과公文遞送에供用함

特務中隊에도特轄하는飛機二架를備置하야急用材料와補缺人員의輸送에供用함

驅逐大隊는軍官二百五十七人士兵一千一百三十人飛機一百零六架로써組織

攻擊大隊는軍官二百四十四人士兵一千一百九十人飛機一百另六架로써組織

轟炸大隊는軍官二百四十四人士兵一千二百五十八人飛機五十八架로써組織함

聯隊 聯隊는航空戰術의大本位임으로純粹한戰術에照하야編成하는대聯隊本部에直屬한工兵中隊及通信小隊는聯隊本部의作戰科長이此를指揮管轄함

聯隊本部의職員은如左함

正領聯隊長一員
參領作戰科長一員
正尉副官一員
正尉作戰科副科長一員
正尉通信組長一員

驅逐聯隊는四個大隊로써組成함

攻擊聯隊는驅逐一個大隊攻擊一個大隊로써組成

轟炸聯隊는驅逐二個大隊轟炸一個大隊로써組成

各聯隊에直屬한工兵中隊는四個小隊로써組成하는대二個小隊는普通의營造를擔任하고二個小隊는土木建築의工事를擔任함 職員은如左함

正尉中隊長一員
副尉副中隊長一員
副尉營造工程師一員
副尉土木工程師一員
參尉營造副工程師一員
參尉土木副工程師一員

參尉餉官一員
士兵二百五十名

부라지루國에서도排日

부라지루國의各州는從來獨自의法律로써移民問題를處理하엿더니不便이多端함으로中央政府는此問題를中央政府의統制下에서處理하기爲하야新憲法案의移民處理에關한條章을設하고特히日本의移民을嚴切히排斥하는條文을規定하엿는대該條文은如左함

法律은移入民의同化를確保하는意義에서國利에副할것으로함

부라지루에移民는日本이人口를調節하는意味에서美洲에在한日本의生命線으로思하엿는대右條文은解釋法學上日本人을排斥함이明確함으로日本上下는憂慨高端에該法案의撤消를力謀하는中이라한다

我韓의奇現象
人口는增加 反比例로
米穀消費量는逐年減少

我韓의人口는每年增加되여가는反面에米穀의消費量은逐年減少되여가는傾向이現著하다 이現象은農家經濟의窮迫을表明하는同時에日本이 우리韓族을壓迫함이日甚한證이다 最近五年間에關한一人當米穀消費量는左表와如함

年	米	雜穀
四二五九年(丙寅)	〇、五四〇	一、五九八
四二六〇年	〇、四四六	一、四二二
四二六一年	〇、四五一	一、四五六
四二六二年	〇、五三五	一、五三五
四二六三年	〇、四一二	一、三八一

人口增加의比例

年	人口	增加比例
四二五六年	一七、八八四	〇、〇一四
四二五七年	一八、〇六八	〇、〇一〇
四二五八年	一九、〇一五	〇、〇五〇
四二五九年	一九、一〇三	〇、〇〇五
四二六〇年	一九、一三七	〇、〇〇二
四二六一年	一九、一八九	〇、〇〇三
四二六二年	一九、三三一	〇、〇〇七
四二六三年	二〇、二五六	〇、〇四六
四二六四年	二〇、二六二	〇、〇〇三
四二六五年	二〇、五九九	〇、〇一六

五月二十五日出版
震光社發行

震光

第六號

四二六七年（九月號）

要目

25 Sept. 1934.

海外運動의特殊任務

海外運動의特殊任務이란 「海外」라는 地帶의特殊性에基因한諸種의任務를意味하는것이다 다시말하면敵의直接壓迫下에있는海內에서는進行하기不可能한有效한革命工作의實踐이그것이다 今日우리의海外運動은 種種의多端한因果關係下에서 實로一般革命羣衆의懇切한期待에應할만한革命力量을가지지못하얏음은事實이다 그러나우리의全體運動의重大한要求인前衛隊的 決死隊的運動의特殊任務는우리의海外運動이負責하지않을수없는것이다 이는實로海外運動의歷史的權利와義務인同時에 目前情勢에있어서더욱緊切히賦與되는任務인것이다 國內關係에있어서 비록國內運動을具體的으로指導하지는못한다하더라도 現階段의國內運動을急激히促進시길만한強大한影響은던저주어야할것이며 國際關係에있어서 비록國際的反日勢力을當場에出陣시키지는못한다하더라도 그것과의緊密한連結은成就되도록하여야할것이나 이는海外運動의主觀的希望에依하야實現될것이아니오海外運動의特殊任務의勇敢한實踐에依하야進展되도록하여야할것이다 海外運動의特殊任務를個別的으로말하면 強力的軍事運動 犧牲的直接運動 偵察工作 宣傳工作 內外反日戰線의擴大工作 以上모든部門運動의全體的 統制的發展을爲한組織工作等等일것이다 그러나以上모든工作의進行을爲하야우리의現下實情에서가장重要한前行工作은力量團結과및그統制的進行을爲한組織問題 모든工作의效果的實踐을爲한技術問題 運動力量의擴大的發展을爲한國際的反日勢力과連結問題等이니 이제이三大問題를急速히解決하여야할必要를簡單히말하면

一、組織問題에對하야

組織은 모든部分的運動能力의強大한完整的表現을爲한根本的動力이다 그럼으로全

體的組織과分離된個個人의部分能力과個個集團의部分能力은 그表現이完整的이되지못할뿐아니라그部分能力의繼續도甚히어려운것이다 다시말하면十個部分運動의總體的運動이一個의整個的革命運動이라하면 九個의部分運動과有機的連結關係를가지지못한一個의部分運動이 設使一時에强大히表現된다하더라도그것은九個의部分運動의一端的表現이아닐뿐아니라그一個의部分運動의能力이繼續되기도어렵다는것이다 比喩하야말하면 아무리良好한車輪이라도車身과分離된그것은 境遇에依하야車輪自體만이조곰運轉될수있으되그것이巨大한物質을실은整個的車의運轉은아니며同時에그것이長久하게運轉될수도없다는것과同一한것이다 過去와現在의海外運動이有力하게進展되지못하고또그모든運動의길이順坦하지못한重大한理由가 決斷코個個의部分的能力의不足에있는것이아니오 그것을整個的으로組織하지못함으로因하야力量은分散되고 이部分的能力과저部分的能力이互相對立되는모든不合理한關係에있는것이다 그럼으로組織問題의積極的意義는運動의全體的發展을有力하게함에있고 그消極的意義는過去運動의모든矛盾과惡弊를救濟함에있는것이니

우리는最大의英斷과努力과및그適當한方針으로써이組織問題의急速한解決을促進하여야할것이다

二、技術問題에對하야

우리運動進展을爲한모든技術의必要는더말할것도없는것이다 現代모든運動의勝敗는誠意如何나努力如何에보담 技術의有無와技術의精不精에있다는것은누그나認識할수있는事實이다 우리運動의過去와現在는 實로이技術의窮乏으로因하야많은計劃과努力이相當한效果를내이지못한事實이적지않을것이다 모든運動者가各各自己가責任진部門運動에適當한技術을가지지못하엿다하면 다만計劃과努力만으로그組織을運轉하며그運動을進行하기어려울것은明白한事實이다 그럼으로組織이運動의重要한動力이라하면技術은組織의重

要한動力이될것이다 今後海外運動의特殊任務를效果的으로實行하기爲하야 組織問題의解決과및그것의有力한進展을爲하야 우리는老少를勿論하고各各自己의當面工作을進行하는過程中에서 自己의希望과資格에適當한一種技術을獲得하도록努力하자

三、國際的反日勢力과連結問題

우리運動의目標인打倒日本은 國際帝國主義의一團勢力의打倒를意味하는것인것만큼우리運動과國際的모든反日勢力과의關係는本質上으로매우密切한것이다 그럼으로海內에比하야多少間의運動自由를가진海外運動은日本과根本的或은一時的의對立關係를가진國際的反日勢力과緊密한連結關係를結成하야海外運動의特殊任務를有力하게進展하는同時에 그것이全體運動과의國際關係로轉變되도록하는政治的媒介工作을하여야할것이다 이는우리運動의力量을擴充하는唯一한方針이니우리는恒常最底限度의當面工作을通하야最大限度의自動的計劃과方針으로써 國際的反日勢力과의連結및그擴大를促進하여야할것이다

海外運動의特殊任務를實踐키爲한以上三大問題는互相不可離할連帶關係가있는것임으로그問題를個別的 分離的으로解決하기는어려운것이다 그러나海外運動의目前情形은以上問題의解決을爲한現實的 政治的背景이現存한自團體 或은團體聯合의組織이될것이다 그러나어떤背景下에서始作하던지 各項工作그것을 海外全體運動의完整的發展을目的한一個의過程的工作으로認識하야그것의總解決을爲한內面的連絡만誠實하면그만일것이다

民族問題研究 (前號續)

六、民族과國家의關係

民族과國家는 그本質에있어서 嚴格히

分別되는것이다 그러나그兩者의發展過程과밋그興亡盛衰의互相連帶的關係는甚히密切한것이다 民族에對한具體的認識은 民族과對立的關係를가진 또는民族과連帶的關係를가진그것들과의根本的 過程的의相互關係의認識을必要로하는것다 그럼으로本篇에서 民族과國家의關係를論하는目的도 民族에對한認識을補助하고저함에있는것이다 그런대民族과國家의關係를理解하려면 먼저兩者의獨自的性質을論定하여야할것이다 고러나民族에對한獨自的性質은 從前本誌에서繼續하야略述한바와갈음으로 이에다시再論하지안코

이項目에있어서는 다만國家의獨自的性質만을略述하야兩者의關係를簡單히指摘하야보랴는것이다

1•國家의性質

國家의性質을論함에있어서 或者는말하되「國家란道義的觀念의現實性」이라하엿고 或者는말하되「國家란各個人의自由로운希望과約束에依하야結合된人類의組織體」라하엿고 或者는말하되「國家란一階級이他階級을統治하기爲한階級的組織」이라하엿다 國家의性質을明白히論定하랴면 國家發生의原因과밋그變遷過程을 過去의歷史的事實中에서究明하여야할것이다 먼저國家發生의原因을歷史的事實中에서살펴보면 過去의民族種族 民族等의社會에서 經濟的侵奪과政治的壓迫을目的한征服行動 或은그征服을抵抗하기爲한行動의統一과指導의必要가國家發生의外部的原因이될것이오 民族 種族 民族等의社會에서 階級鬪爭의離心力과 共公利益의向心力을調和統制하기爲한權力的 統治的組織의必要가國家發生의內部的原因이된것이다 그러나이러한內外의兩大原因下에서發生된國家는 그發展過程에있어서 經濟的生產力의發展과밋그分配上差別의累積的法則에依한階級分化와階級鬪爭의內部的發展過程이

自社會의共公利益의保護와發展에依하야完整化하랴는國家의發展過程을抑壓하엿다 다시말하면每階級社會의優秀한一羣은 비록自

體가어떤一定한階級에屬하엿지만 國家를組織할때에그들은自階級의利益을爲한것이아니오各階級의共公한利益을爲한것이엿다 그러나國家가發展됨에따라內部의階級反撥이激甚하여지는때에는各階級의共通한共公利益의社會的根據가없음으로自然히一階級(自階級)의利益을中心한即公共利益이란一個標榜에不過한權力의執行者가되고만다는것이다 그래서國家란身分上 財産上의계급的組織 계급的權力으로變化된것이다 그러나各種形態의國家가 各各自社會의共公利益과何等의干涉이없다는것은아니다 特히對外的關係에있어서는 自社會의共公利益과密切한關係가있는것이다 그럼으로國家的으로獲得한共公利益이恒常階級的 差別的으로分配된다는것만이 前述한國家의階級性을指摘하는것이다 每階級의國家는各各其社會의優秀한階級的基礎우에建立되는것임으로 設或國家의統治者가全社會의共公利益을爲하랴는그主觀的努力이야무리到底하다하더라도 畢竟은그努力의方向이 自體의階級的客觀情勢에誘導되야 自階級의特殊利益을爲하게되는것이다 過去歷史上에賢明한君主나至誠스러운政治家가全社會의共公利益을爲하야奮鬥한記錄이全然없는것은아니다 그獲得된共公利益의分配는依然히階級的 差別的임을免치못한것이다 그러나差別的으로分配되는利益이나마 그것이被治者階級生活에多大한補助가되는境遇에는 被治者階級이그國家의統治制度를支持하지만 萬若그러치못한境遇에는 적은共公利益의共同性이 많은利害對立의背馳性으로因하야 그國家機構는根本的으로動搖되고 그國家政權은階級的移動을하게되는것이다 그러나國家의性質이階級的權力이오階級的組織이라하야 民族生活이나階級生活에 國家의存在가不必要하다는것은아니다 各各自己의利益을中心하는人類의反社會性이消滅되기前까지 自己의利益과남의利益이一致되는社會가建設되기前까지는 外部的으로는他의侵略을抵禦하며 民族的 國家的의差別的現像과對立的

關係를打破하며 內部的으로는階級鬪爭의社會的根據를消滅하기爲하야 權力的統治的의國家存在는絕對로必要한것이다 다만問題되는것은 國家組織의基礎가어떤階級우에있느냐하는것이니 다시말하면全社會의共公利益을代表할수있는進步的階級우에있느냐 或은그러치못한退步的階級우에있느냐하는것이다

上述한바에依하야國家의獨自的性質과 從前本誌에말한民族의獨自的性質과의差異는自然히判明된다 이제그것을다시概括的으로말하면 民族은種種의共同性에依하야結合統一된人類의集團이지만 國家는民族內外의差別과對立으로因하야組織된階級的權力이며 民族은 各階級을包容한文化的存在이나 國家는 一階級이他階級을統治하기爲한統治的存在이다

2、國家의民族的性質

階級의民族的性質은 前號에말한바와같음으로 階級的基礎우에建立된國家도自然히民族的性質을가지지않을수없게된다 다시말하면 民族에基礎하지않은階級이없고 階級에基礎하지않은國家가없음으로 國家의基礎는一定한階級인同時에一定한民族이라할수있는것이다 그럼으로民族과國家는互相不可離할連帶的性質을가지고있는것이다 이제國家의民族的性質부터簡單히指摘하면

A、모든國家의特殊性은 모든民族의特殊性과伴侶되며 모든國家의發展程度는 모든民族의發展程度와並行한다 地理 文化 歷史等의條件이懸殊한各民族이同一한國家制度와統治方針을세울수없는것이며 落後된民族의國家形態와 進步된民族의그것이同一할수없는것이다

B、國家의興亡은 對外의戰爭의勝敗이나對內의階級分化의如何보담 民族性의優劣(勿論民族性이란固定的은아니지만)과및其民族에適不適한制度如何에主因이있는것이다 對外戰爭의失敗로因하야오히려再興한國家나 階級政權의移動에依하야더욱强大하여진國家는過去歷史的事實에서볼수있지마는

劣等民族性을가진國家나 그民族에不適當한制度를取한國家가 設或對外戰爭의慘敗나階級政權의移動이없다하야 요행히强大하여진事實은없는것이다

3、民族의國家的性質

A、모든民族은 一定한形態의國家組織을所有함에依하야自民族의發展을成就하는것이다 外來勢力의侵襲에對한抵抗 階級鬥爭의促進或抑壓等等의民族發展에必要한모든運動의秩序를維持하며 그모든行動의統制를合理化하랴면 各各自民族의進步的階級의意圖에適應한權力的 統治的의國家能力에依하야可能한것이다 그럼으로國家를가지지못한民族은어떤主義的의民族生活이나民族運動을勿論하고그것이有力하게進展하기어려운것이다

B、國家機關이民族生活을爲하야生產的機能을發揮하지못하고 民族社會의氣管을窒塞하게할때에는 그民族中의進步階級이 國家機構의變革과權力執行者의替代를要求한다

그럼으로國家發生以後에모든主義의革命運動은 民族發展의한過程的運動인것이다

(待續)

土耳基共和國國民黨略史

土耳基는東亞의病夫로서 歐戰當時에中歐同盟에參加하야餘地없이慘敗하엿다가 大衆의自覺과英偉한中心人物의適宜한指導로復興의榮幸을得한國이라 西曆一九一九年으로부터一九二三年에至토록五年의時日을費하야外로는列國의軍隊를抗擊하야國外로驅逐하고內로는昏庸한皇室과無能한政府를打倒하기에盡力하엿나니 此의盡力으로復興의功을完히참은全히大衆의自覺에基因한것이지마는 萬難을不畏하고奮鬥하야써大衆의要望에副케하얏음은現에土耳基를統治하는共和國國民黨이고此黨의總裁는現任大總統케말氏이다

此黨은最初에는「앤아돌루及루밀리權利擁護團」이라하엿다가(歐亞土耳基權利擁護

團의意) 更히國民黨이라改하엿고最後에는現用하는共和國國民黨이라改稱하엿는바 名稱의變換은土耳基復興運動의過程을表証함에足함으로共和國國民黨의黨史를三期에分하야第一期를「앤아돌루及루밀리權利擁護團」時代라하고 第二期를「國民黨」時代라하고第三期를「共和國國民黨」時代라하나니左에期를分하야略述하노라

第一期앤아돌루及루밀리權利擁護團時代

舊土耳基帝國政府는戰敗한結果로屈辱되는平和條約을締結한지라 英法意諸國의軍隊는該條約을執行하기爲하야土耳基의各地方을占據하고 希臘軍은英國의指示를受하야亞土耳基西端에在한 스머르나港을占領함으로因하야土耳基全國은列國共管下에在한狀態로서土耳基人의忍키不能한致命傷을與하엿다 케말氏는祖國이滅亡의途에서呻吟함을睹하고서憤然히起하야生死를度外에置하고祖國復興運動을開始하는데 앤아돌르東北에在한 에르쎄룸 이라는城市에서歐戰當時에出戰하엿던將官數人으로더브러同志를糾合하야東方各州聯合會를開하엿다 케말氏는此會의議長으로推擧되야復興運動의原則을如左히定하는同時에集合體를「東앤아돌르權利擁護團」이란名을暫用하기로하엿다

復興原則

一、土耳基國의領土되는各部分은統一的合一的으로不可分의固結性되는것

二、國民은一致의心으로力量을集中하야外國의占據와干涉을排斥하야써祖國을擁護함이最急務로認하고 國權의完全回復과國運의進展을爲하야繼續奮鬪할것

三、中央政府가祖國을確保하는任과獨立主權을擁護하는責을盡키不能할時는臨時政府를組織하야目的을貫徹할것 臨時政府의委員은國民會議로브터選出할것 但國民會議를開하기不能할時는代表委員으로브터選出할것

此會議가終了한後에 케말氏는急히 앤

아돌루 中央된 시바스市에赴하야大會를開하야遂行할諸般規約을議定하는同時에團體의名稱을 앤아돌루及루밀리權利擁護團 이라確定하야國中에布示하엿다

此時에列國의聯合軍은依斯坦堡를占領하고서 土耳基國의內外政務를管理하니土帝와政府는完全히列國의傀儡되야殆히亡國의狀態이엿다 케말氏는事의急함과政府를恃賴키不可함을深覺하고서非常時政府(當時世人의稱하던「앙고라政府」)를組織하야國民의心을繫屬케하고即히歐洲列國에對하야新政府의成立을通告하엿다(一九二〇年四月二十五日)

新政府가成立된지三個月後에土帝는聯合國에對하야亡國性을含有한所謂「스뻘條約」을締結한지라(一九二〇年八月十日) 新政府는此에憤激되야急히케말氏를擧하야總司令의任을授與하야抗戰케한바 케말氏는心力을殫竭하야一戰으로써希臘軍을 스머르나港으로부터擊退하고仍히戰勝의威로써皇帝를廢하니士氣와民氣가共히大振하야莫敢誰何의勢를呈하거날皇帝는大勢가已去함을自覺하고侍從臣僚數人을率하고英艦에乘入하야英領말타로逃命하엿고(一九二二年十一月十七日) 列國聯合軍도退却함에至하엿다

第二期國民黨時代 케말氏는一戰으로써內로는民賊된皇室을打倒하고外로는國仇된列國軍을克服한後에建設의第一步로「앤아돌루及루밀리權利擁護團」된革命團體를政黨으로改造하야國民黨이라命名하고 黨의主義를闡明케하며黨의意見을明確케하기爲하야黨의政綱을公布하엿는데 該政綱은九項으로成한바劈頭에國家의主權이國民全體에在함을嚴明히言하엿다

巡視를完了한後에는聯合國에對하야平等의「로카로」條約을締結하야完全한自主獨立國으로公認되야列國의領事裁判權을撤廢케하야目的의大部分을達하엿음으로即히國民大會를召集하야反對派를肅淸하는同時에 앙고라에遷都하야共和國宣言을中外에發表하고仍히케말氏가第一回의正式大總統으로選任되야盛

大韓禮式으로國民의萬歲聲中에서就任하야一國의元首로黨의主義에基하야國政을施하니國家의基礎가漸次로鞏固하는지라　列國은土耳基의國步가最速度로進함을驚歎하며國民黨의業績을歎賞함에至하얏다

케말氏는正式大總統에就任한後　國家의積習된病根을徹底히痛革키爲하야國民黨大會를開하야先히教主의特權地位와政教混合의諸制度를一掃廢止하고　他日의再萌을防止키爲하야教主되얏던　애로디親王과舊帝室의一族을國外로放逐하엿다

第三期共和國國民黨時代　教主와帝室을清算하야內憂를完全히除去한後에는即히共和國憲法을頒布하야共和政體를確立하고　一九二四年十一月二十三日에國民黨總會를開하야國民黨을共和國國民黨으로改造하엿다

共和國國民黨은一九二七年十月十五日로써第一回總會를開하엿는데　케말氏의演說은世界的의新紀錄으로六時間되엿으나聽衆은一人도倦憊의態가無하고反히此를因하야國民으로하야금　케말氏의人格을深刻히認識하야特賴의念을厚케하엿다　總會가終了한지一個月後의國民大會가開會되야總統을選擧하엿는바케말氏가殆히全國一致의投票로繼續選擧되야總統의職에仍任하엿다

케말氏가大總統으로仍任된後에共和國國民黨은共和國憲法中의「依蘭教로써國教로함」이라는條文을削除하야信教自由를人民에게一任하고　國民學校를開設하야國民을強制로入校하야文字를學習케하는條文을增設하엿다

一九三一年五月에總統의任期가滿了됨으로國民大會를召集하야總統을選擧하엿는데　케말氏가또한繼續選擧되엿다

케말氏가三回이나大總統으로繼續選任된結果共和國國民黨은土耳基國의統治權을完全히掌攬한지라　此의責任을盡키爲하야黨總會를召集하야系統的의綱領을左와如히定하야써黨의主義를益히發揚光大함에致力하고國民의要望에副하기에腐心하엿다

綱領

第一 祖國 國民 國의憲法 普通權利

(一) 祖國 祖國은土耳基國民의盤根錯節된悠久的의崇高한歷史를有한土耳基의國土를指稱함
祖國은如何한壓迫이나條件이有할지라도分割함을不得함

(二) 國民 同一한言語 文化 理想으로相互結合한同一國民의政治的社會的의集團을國民이라함

(三) 國의憲法 土耳基國民은統一된現存의國家形態를維持함에力을盡함
國民大會는國民의名義로主權의權利를行使함 大總統과內閣은國民大會로부터産生함 國家의主權은惟一한絶對의最高權으로何等의拘束을受치아니하고無條件으로國民에게在함

(四) 普通權利 土耳基國民에對하야憲法이賦與한個人的社會的의自由 平等 安全及其他民權保障은極히尊嚴한權利로서本黨의最大綱領됨

第二 共和主義 國民主義 民衆主義 國家主義 政教分立主義 革新主義

(一) 共和主義 本黨은共和主義로써國民主權과國民이支配하는國體를表示함에最適當이라主張하며土耳基의國民的精神과民族的精神에最適合이라認하야永久且完全히共和國體를保持함

(二) 國民主義 土耳基國民은人類의大家族中의最光榮한一員으로一切의人道主義를愛護하야國民的名譽와福利를毁損치아니하는範圍內에서他國民에對하야敵意를挾持하거나表示치아니함
土耳基國民의自主獨立的의個體를擁護하야國民主義에違反되는思潮가國內에侵入이나傳播됨을嚴密히防止함
土耳基語를用하고土耳基文化에서化育되고土耳基의理智를握有한者는如何한宗教를信仰하던지如何한地에住

居하던지不問하고總히土耳基國民됨

(三) 民衆主義　土耳基國民은一切平等으로階級鬥爭을絕對不承認함

(四) 國家主義　國內의平和와正義를確立하야써國民의一切自由를完實히保障함　外로는各國에對하야親善한交誼를結하고內로는國防을充實히하야國家의獨立을擁護하되不得已한時는武力에藉하야國家의獨立을保衛함

此外에公共事業　教育　保健　社會事業　經濟事業等을重視하야完美케함

(五) 政教分立主義　國家의制度　法律　慣習　規則等은科學的으로新時代文化에適應케하고　良心의發達은宗教觀念에一任하기로함

(六) 革新主義　本黨은國民의重大한犧牲의代價로革新主義를完實히成就키爲하야左開原則을遂行함

(甲) 經濟政策

(乙) 財政政策

(丙) 國民教育

(丁) 一般教化策

(戊) 社會生活及一般衛生

(己) 對內外政策

(庚) 司法政策

(辛) 國防

右의綱領을議決한後에또「國民之家」라는案을議決하엿는데　此案은國家로써國民의家라하는深遠한意義를有하야大家族主義에符合케한것으로國民全體가協同야하活路로進코자함이니重要工作은如左함

(一) 言語　文學　歷史

(二) 藝術(演畫　音樂等)

(三) 演出(演劇　活動寫眞　幻燈等)

(四) 共濟事業(施療所　保健事業　貧民救濟事業)

(五) 競技

(六) 公衆學校　講習會(外國語　失學者教育　速記　簿記　農業學)

(七)圖書館及出版部

(八)村民部 村民으로하야금農工商과牧畜의知識을向上케하며革新事業을理解케하야文化의惠澤을均霑케하고共同的의祝賀會를開케하는等

(九)博物館及展覽會

右記한各項의工作은「國民之家管理委員會」로하야금各部를組織하야黨의指導下에서活動케하엿다

「國民之家管理委員會」의總部는首都된「앙고라」에置하고國內各地에分委員會를佈置하야써全國的으로劃一遵行하야忠實히奉公함으로土耳基國家의富力과土耳基國民의文化는現에日로前進하는途에在하야極好한現象을呈하얏고共和國國民黨은國民으로부터深厚한恃賴를受하얏고 케말氏는黨의首領이되는同時에國家의元首로國民의謳歌의的이되야 그人格의偉大함은全球가共仰하는바되얏다 今回에國際聯盟이土耳基國을非常任理事로選任하얏음은土耳基國의外交가現代的으로新銳한뿐만아니라土耳基國民의一致한後援과共和國國民黨員의黨國에對한忠實한動作과 케말氏의一貫한至誠에基因한것이다 一言으로結하면土耳基國民과共和國國民黨과 케말氏가一體되야國運의進展으로써生命을作하야써勇敢히前進하고後退치아니함에由함이라하겟다

中國九一八事變後
朝鮮革命黨在東北工作經過狀況

「軍事工作에限함」 (來稿)

一. 朝鮮革命黨의簡單한沿革

글이本文으로드러가기前에本黨의簡單한沿革을讀者여러분에게紹介하려한다

自一九二七年으로至一九二九年까지 唯一黨促成論이海內海外를通하야宏壯히盛行하든것은아즉도여러분의心頭에記憶이새로와잇

을것이다　滿洲에있는各團體도「唯一黨促成」이란題目下에서數年間의時間과精力을費하여가며　凡數三次의큰몸음을거듭한바있엇다　即新安村會議　樺盤會議等이그것이다　그러나各者의意見不統一로오히려分裂에分裂을加할뿐　何等問題의解決을얻지못하고　終乃失敗에歸하고말게되엿다

至大의希望을가지고적지않은誠力을다하든本기관一般同志들은今次失敗에對하야　그만落望의一嘆을느끼지않을수없엇다　「그러면이제로부터어찌할테냐？그래도좀더기다려보아야옳은가？　아니다現下情勢가唯一黨結成을許諾치않는以上　遺憾이나마滿洲一部인우리끼리라도于先어떠한組織體를鞏固히結成하여가지고運動의可及的役割을맡아推進하는것이오히려일을爲하는本意다」라가一般同志의意見의統一點이엿섯다　그래서西曆一九二九年九月에우리一般同志들은많은感慨와遺憾을느껴가면서本黨을『日本帝國主義를撲滅하고朝鮮의絕對獨立을完成함』이란綱領下에서結成하얏나니即이것이朝鮮革命黨이며同時에이글이本黨의簡單한沿革辭가되는것이다

二•本黨의恐慌期

一九三一年가을滿洲荒野에떠러진倭帝國主義의一個巨彈－即九一八事變－은나히세살도먹지못한어린本黨에對하야一大恐慌을주지않을수없엇다　놈들은第一次로東北의中國勢力을모라내고第二次整理期에드러가東北의退殘軍義勇軍을肅清하는同時　日本帝國主義滿蒙政策實現에相當한支碍를주고있는在滿朝鮮人運動團體에對하야毒手를걸지않을수없엇다

本黨이二十有年來로東北에據하야적지않은勢力을가지고倭敵에게政治的經濟的各方面으로많은損害를주엇으며더욱滿蒙侵略에強敵이되야있는것은世人이共認하는同時　놈들의眼刺이되지않을수없는것이엿다

그래서놈들은一九三二年一月上旬을비롯하야本黨에對한積極行動을開始하엿다　同年一月十九日아츰本黨中央所在地인遼寧興京縣城을日僞軍警으로包圍하고襲擊한結果本中央

에서는多數의同志들이모히여連日會議中이든際에不意之變을當하게되여中央重要同志六名이被逮되엿으니그의姓名及職名을쓰려면아래와갓다

朝鮮革命黨中央執行委員長李浩彦 (一名松江)

朝鮮革命軍司令 金寬雄 (號保安)

朝鮮革命軍副司令 張世湧 (一名元濟)

國民府公安部執行委員長李鍾根 (號東山)

朝鮮革命軍司令部副官長 朴致化

朝鮮革命軍司令部衛隊隊長李奎星(號島波)

右六名의同志들은被逮되야通化領事에로넘어가서取調를받고新義州에서아직服役中이며其中朴致化同志는通化서놈들의惡刑에못이겨그만虐殺殉志되고말엇다

그리고同年二月上旬에柳河縣境內에駐屯이든朝革軍第三中隊副官黃奎清이란놈이該中隊長沈龍俊同志가出他한機會를다서敵에게投降하고走狗가되여通化倭領事에가서走狗輩及日僞軍警을몰고右記柳河駐屯地로드러가서自己가親手로經理하던武器一部二十餘柄을들추어倭敵에게주엇으며또該隊小隊長車用陸駐屯當所를襲擊하야車隊長以下兵士同志李秉學崔鎭英白○○等六名이被逮되엿는데右車用陸同志는被捕當時飛彈에中擊되야面部가破裂重傷되엿는데右同志는本來運動線에十餘星霜의야름다운歷史를所有햇음으로朝中人士가欽佩하던터이라 놈들없는짬을다서自己面部傷處에鮮血이흐르는肉塊와骨碎를뜨더내여白紙上에「朝中民衆은合作하야抗日하자」는等數十種의血書를써서各中國人士에게돌려주엇다 本來九一八事變에刺戟을받은中國人士들의腦海에는비록外族일망정敵手에끌리여가는立場과環境이同一한사람의告別의血書를받은그刹那사이의感慨無量한쎈세이순을禁할수없으리라는것도可想할수있는것이다 그리고右走狗黃奎清은興京縣에서第三中隊小隊長高東雷一行의義彈에銃殺되엿다

同年同月上旬興京某地方에朝革軍第二中隊가駐屯한것을敵이알고不意에包圍襲擊하야

該中隊長田雲鶴은軍隊와의距離를떨리두고單獨히事務를보다가不幸히잡히엿고該小隊隊長崔允龜가部隊를領率하고敵과應戰하야敵方에數十名의死傷을내여주엇고 그리고놈들은桓仁、通化、興京、輯安、寬甸、臨江、撫松、濛江、柳河、淸原、海龍、撫順、本溪、等各地에서大活動을施하야우리同志七八十名의死傷을내인바있엇다 以上의記事는中國東北三千萬、아니中國四萬萬大衆의삐저린九一八慘變을비롯하야그一環的關係를가진우리에게도이와갈이가슴앞은慘變을가저다준것인同時本黨에對한一大恐慌期의歷史페지가되지않을수없다

（待續）

四二六七年九月廿五日
震光社發行

朝鮮民族戰線社出版

朝鮮民族戰線

一九三八年四月十日出版　本刊已呈請登記中

半月刊

編輯人：金奎光　柳子明
發行人：韓一來
通訊處：漢口郵局信箱第十九號
印刷所：小董家一巷 新昌印書館
代售處：交通路六三號 生活書店
零售：每期四分
預定：半年四角 全年八角（郵費在內）
每月十日二十五日出版

創刊號

創刊辭

子明

在現代，世界上任何一個民族的存亡安危，無不與整個世界人類的興廢盛衰，息息相關。阿比西尼亞的被伊太利征服，其所受的禍並不止于一個阿比西尼亞民族，而可以影響于東亞的風雲；西班牙的內亂，也是同樣，可以影響全世界的政局。

朝鮮民族問題，也是整個世界問題的一環。尤其在中日間與俄日間的國際關係上，牠佔着特別重要的地位。在過去，一八九四年的中日戰爭及一九〇四年的俄日戰爭，均以朝鮮問題為導火線，而中國和俄國的敗北，即為朝鮮被日本吞併的決定條件。朝鮮既已為日本所吞併，中國便成為日本侵略政策的唯一對象。因此三十年來中國民族的一切革命運動及自求進步的努力，在在為日本所妨碍阻撓。直至一九一八」，日本強盜竟大舉侵略中國，由東北四省而華北，遂引起中國的全面抗戰。簡括言之，四十年來中國和朝鮮的歷史事件，無不有前因後果的關係，就是在將來也不能不如此。在目前，中國的抗戰如果失敗，朝鮮民族的解放，固然是渺茫無期，而朝鮮民族的努力如何，也可以影響中國民族的最後勝利。過去中國朝鮮兩民族所受的恥辱和損失，應該由我們共同負責，即打倒共同敵人及奠定東亞和平，也是中國朝鮮兩民族的共同使命。

現在四萬萬五千萬中國民族，已經萬衆一心的團結起來，與日寇作英勇抗戰，而朝鮮民族的反日革命，也有二十年的歷史。每一個朝鮮人，尤其是革命份子，無不以中國的抗戰為自己的生死關頭，所以他們直接參加中國的抗日戰線，而且更要積極準備全民族的反日總動員。

朝鮮的革命是從日本帝國主義的政治壓迫與經濟榨取雙重痛苦中要求解放的革命，所以朝鮮的革命陣營是須要不分階級不分黨派地全民團結，這與中國的抗日民族統一戰線，具有同樣的性質，並且在理論體系上也具有一種共同性。這樣我們中國朝鮮民族的共同奮鬥，是歷史給我們決定的使命。但是回頭來看實際的情形，我們的聯合戰線，還是不能夠普遍和鞏固，於是我們必須努力更切實的聯合起來，以求完成兩民族的聯合戰線。這就是發行本刊的主要意義。我們希望我們的同盟者中國朋友，以此更加明瞭朝鮮的情形。朝鮮在中日戰爭的重要性，她在日寇鐵蹄下所受種種痛苦，她在現階段的特殊任務，以及她的革命力量與抱負，都有明白認識的必要。供給這些資料當然是本刊的一種任務，但我們更要把本刊作為中國朝鮮兩民族的共同發言，共同研究革命問題的機關，作為促進和擴大兩民族聯合戰線的動力。

目次

為什麼要建立全民族的統一戰線？

奎光

一、我們的主張

我們是依據過去我們民族解放鬥爭的寶貴經驗和目前國際及國內的政治情勢，堅決主張：現階段朝鮮革命的唯一任務，在於結成全民族的統一戰綫，來打倒日本帝國主義，來建立眞正的民主獨立國家。

二、民族解放鬥爭的歷史的經驗

過去三十年間，朝鮮民族在橫暴的日本帝國主義統治下，過着慘酷的隸屬生活。全體民族，不單失去了政治的自由和經濟的生存權，並且有着四千餘年悠久歷史的民族文化和民族意識，也受到極度的抑壓。這種民族的被壓迫事實，便是證示了朝鮮民族和日本帝國主義決不能並存的歷史的及現實的根據。

我們的民族解放鬥爭，從亡國到現在，不管日本帝國主義的暴壓和屠殺如何兇狠，繼續不斷地進展和擴大。從亡國當時全國的義兵蜂起說起，滿洲朝鮮獨立軍的不斷的遊擊戰爭，一九一九年「三一」運動的全民族的大蹶起，暗殺破壞運動的全面的展開，社會運動的急激而普遍的發展，「六十」運動的大衆示威，全國工人，農民，青年學生的反日結社（勞動總同盟，農民總同盟，青年總同盟等）與及他們的罷工，抗租，反對奴隸教育等歷次鬥爭和暴動，滿洲的反日大暴動，尤其到最近，日益擴大和強化的東北人民革命軍中朝鮮人隊伍的抗日遊擊戰爭……等，這一切繼續不斷的革命鬥爭，不單給日本帝國主義統治者以強有力的打擊，同時充分地發揮了朝鮮民族的獨立自存的精神和能力，而且明確地指示和開拓我們的解放前途。

但是這一切革命鬥爭，在當時還未成熟的主觀及客觀的條件下，每每受到一時的或部分的失敗。第一，在主觀上，過去我們的解放運動，幾乎全部都沒有樹立正確地把握當時的國際情勢和國內各社會階級的現實要求之有權威的革命的指導理論，因此，不但不能建立堅強的革命的前衛部隊，而且不能充分地教育大衆和組織大衆。革命力量也不能夠統一的集中和擴大。第二，在客觀上，我們的仇敵日本帝國主義的侵略機構，在過去數十年間，得到空前的擴大和強化。相反的，大戰後爆發的東方被壓迫民族解放運動，特別是中國國民革命運動，受到一時的挫折，各國無產階級革命運動也遭受一時的鎮壓。這種客觀情勢，對於我們的解放運動給予了非常重大的抑壓的影響。

但是這種革命的沈滯狀態，絕對不是意味着朝鮮民族革命的全面的失敗和日本帝國主義的永遠勝利。這樣的失敗，僅僅是表面的，一時的，而不是本質的永久的。我們的解放鬥爭，在這種艱苦鬥爭的經驗中，不斷地準備和發展新的戰鬥理論和新的實踐力量。這就是在目前我們的運動戰線各方面，正在生長發展着的全民族的統一戰線運動。換言之，現在我們所積極主張和推進的民族統一戰線運動，決不是抽象的空洞的東西，而是從過去一切革命的鬥爭經驗中生長，發展的進一步的戰鬥理論和戰鬥行動。

三、民族戰線的社會的意義

首先，現階段朝鮮革命的性質，是決定民族統一戰線運動的社會的及歷史的意義。現階段朝鮮革命，是根據她的半封建的殖民地的社會性質，被規定為最廣泛的民主主義的全民族解放運動。詳言之，現階段朝鮮革命是由於朝鮮成為日本的殖民地和全民族受着異民族的極度壓迫的這一歷史事實，又由於朝鮮社會的半封建的性質，一定成為民主主義的民族解放運動，而不是社會革命。因此現在的朝鮮革命，決不是某一階級或某一政黨所單獨負担的任務。實際上，全體民族同樣有着解放的要求，同樣有着反日的任務。當然我們確認朝鮮工農勞苦大衆的最可靠的革命力量，但同時我們不能不認定，廣大的中小資產階級，民族商工業家乃至地主等，也相當的保持着反日的革命性，而構成全民族解放鬥爭的相當主要的勢力。不僅如此，朝鮮社會各階級，各政黨政派，在日本帝國主義的暴壓統治下，必然地要揚棄他們內部之矛盾，在民族戰線旗子下統一起來，共同推翻日本帝國主義的統治。

四、民族戰線的國際的意義

其次，最近數年間，不斷地變化，發展的國際情勢，是在客觀上促進了我們的統一戰線，同時提示了國際的聯合戰線的重要意義。

目前世界政治形勢，很顯然地分成兩個壁壘，即一是侵略主義的法西斯陣線，一是民主主義的和平陣線，前者是以日、德、意為中心的國際的侵略集團，後者是以法、蘇、爲中心的反侵略的和平陣線。這種國際形勢，必然地使世界被壓迫民族及國家參加到反侵略陣線中來。這種局勢，在意阿戰爭和西班牙內戰中，特別在目前中日戰爭中，很明顯地表現出來。換句話說，全世界各殖民地及半殖民地民族的解放鬥爭，是和國際反侵略陣線，很緊密的聯繫起來。

特別在東亞，我們的敵人日本帝國主義，自從「九一八」以來，瘋狂地侵略中國的領土，同時要驅逐列強的在華勢力，因而牠和列強的對立，日益加深。尤其在「八一三」以後中日戰爭全面展開，列強在華勢力受到更大的侵害，因而牠在國際上，和英美法蘇的對立更加尖銳化。同時中國四億五千萬民族的抗日鬥爭是表現着空前的擴大和緊張。特別値得注目的是中國國共兩黨爲挽救民族的淪亡，捐棄一切前嫌，團結合作，建立全民族的統一戰線，在統一的旗子下，實行了全民族的抗日總動員。跟着這一戰爭的發展而發展的蘇聯遠東政策——遠東軍備強化，蘇蒙協定，中蘇不侵犯公約等——更加促進日本帝國主義的破滅。

日本帝國主義的這種瘋狂的大陸侵略，不但是促成了中國民族的大同團結，並且促成了朝鮮及台灣民族的一致團結，和數千萬日本人民大衆的反法西斯的人民陣線。日本帝國主義，一方面爲着侵略中國和進攻蘇聯，他方面爲着對付英美的干涉，不能不積極準備龐大的軍事力量，同時爲着這個準備，不能不更多的搾取日本人民大衆及朝鮮，台灣民族的血汗，又不能不更多的剝奪他們的自由。這個結果，必然地加速引起和激化日本人民及朝鮮，台灣民族的反抗運動。

如上所述，目前日本帝國主義勢力的瘋狂擴張，不但決不能使朝鮮民族解放運動成爲不可能，剛剛相反，使我們的運動得到加速的擴大和發展。事實上，日本帝國主義的侵略氣焰愈是高漲，牠的國際地位便愈是孤立和惡化，而且對牠的反抗勢力更愈益昂揚起來。

在如上的國際情勢下，我們的民族解放運動，不單內部的矛盾更爲緩和，一致團結的覺悟更爲普遍，更進一步，我們是獲得了能夠向同一目標携手並進的空前廣大的同盟勢力。就是說，中國四億五千萬民族的抗日勢力，台灣的民族戰綫，以法蘇爲中心的國際和平陣線，英美等國的反日勢力，甚至敵國內的反侵略的革命大衆，都可以看作我們民族統一戰線的同盟軍或友軍。

五、民族戰線的現實的鬥爭意義

再其次，最近在國內及國外急激發展着的我們的解放鬥爭，是事實上證明了民族統一戰線的實踐的，革命的意義。

最近數年來，特別在「九一八」事變以後，一方面由於日本帝國主義爲了準備侵略戰爭，在經濟及政治上加緊壓搾，他方面由於中國民族的抗日鬥爭和蘇聯革命勢力的日益高漲，朝鮮國內外革命運動，推進到更高的一個階段，而且得到了更合理的發展。

日本帝國主義者爲了實行對中侵略戰爭，特別爲強化戰爭的後方根據地朝鮮的統治，施用空前苛酷的法律，嚴重鎭壓朝鮮民族的一切政治的社會的活動。牠強迫解散擁有數十萬組織大衆的工人總同盟，農民總同盟及青年總同盟。鎭壓了擁有三萬餘

朝鮮民族戰線聯盟結成經過

子昕

在朝鮮革命陣營內，發生統一運動，可以說是早在一九一九年「三一」運動剛剛過後的事情。這運動，在各時代，其名稱，方法及內容雖有所不同，但牠一直繼續到現在，是不可否認的歷史的事實。可是在本文並沒有把牠詳述的必要，而只要說明本聯盟的成立也就是十餘年來繼續發展的統一運動的一個成果。

那末，朝鮮民族戰線聯盟是經過怎樣的途程而成立的呢？牠和以前的統一運動或以外的統一運動比較起來，有什麼特異之點呢？牠的歷史的使命是什麼呢？這些問題須要在本文中加以說明。

現世界的政治路線，可分爲民主主義路線，社會主義路線，或法西斯路線，人民陣線的路綫及被壓迫民族的民族戰線的路線等。在所謂法西斯這個怪物還未出現政治舞台以前，是社會主義對民主主義的對立鬥爭，頗爲激烈，而且這鬥爭在全世界繼續甚久，甚至這種鬥爭影響到被壓迫民族的解放運動線上，在印度，中國，朝鮮等民族中也有過這樣的對立鬥爭，可是一到法西斯蒂出現於政治舞台，尤其牠傳染到世界的範圍，社會主義和民主主義爲着對付共同之敵法西斯主義；不僅停止相互的對立鬥爭，反而更結成了聯合陣綫。這種聯合乃是西班牙，法國等國家的人民陣線，又像朝鮮一樣受着異民族統治的民族是由於牠的社會的條件需要着全民族的總團結，於是需要結成全民族的統一戰線。

結成「朝鮮民族戰線聯盟」的三個團體，即朝鮮民族革命黨，朝鮮民族解放運動者同盟，朝鮮革

前衛部隊的新幹會的活動，更進而完全剝奪一切集會，言論，出版，結社等自由。但是我們的鬥爭，決不會因此而停止，相反地敵人的抑壓愈加厲害，革命鬥爭便愈益深刻地發展開來。就是說，在這種極端暴壓的局面下，一切民族的叛徒，自治運動派，清算派等，不得不公然替敵人執行鷹犬的任務。相反的，一切反日革命大衆，無論是屬於任何社會階級或黨派，都不能不集中到民族統一戰線的旗幟底下。在全國工人，農民及學生大衆中，迅速地發展着革命的秘密結社，在各種宗教及文化機關中，急遽增大着反日的政治組織。這樣，在全國到處，不斷地爆發着罷工，抗租，罷課等革命鬥爭。他們已經在反日鬥爭的實踐中，必然地統一了他們自身中的所謂社會運動和民族運動的從來對立的陣線，而向着全民族統一戰線的政治路線上邁進着。

特別在海外，由於中日戰爭的擴大和日蘇對立的尖銳化，在中國和蘇聯各地活動着的朝鮮革命團體及個人，都開始了空前活潑的鬥爭。在蘇聯的數十萬朝鮮民族，在蘇聯政府及共產黨領導下，已經結成了堅強的戰鬥隊伍。在滿洲的數萬同胞，直接加入東北人民革命軍，在抗日聯軍旗子下實行英勇的游擊戰爭，在中國關內的各革命團體及個人，直接或間接地參加到中國的抗日戰線。在這樣的實踐的鬥爭中，沒有別的，只有攻打敵人的血戰，又只有各黨各派的同志的合作。

六、結論

從上述諸端看來，我們所堅決主張的全民族統一戰線，無疑的是現階段朝鮮革命的唯一實踐的任務。我們爲着執行這一偉大的歷史的使命，首先結合海外的三個社會的立場和主義的信仰各不相同的革命團體（朝鮮民族革命黨，朝鮮革命者聯盟及朝鮮民族解放運動者同盟），組織了朝鮮民族戰線聯盟。

朝鮮民族戰線聯盟，自然不是全民族的完全的統一戰線機構，就是說，牠不是實際上代表全體民族的意思的統一戰線團體。爲什麼呢？因爲這聯盟，只不過是三個革命團體的聯合，而不是由全民族各社會階層，各政黨政派，各宗教及民衆團體的代表來組織的東西。但是這聯盟，在結合主義不同的政治團體的意味上，特別在正確的主張民族統一戰線的一點上，至少可以看作全民族統一戰線的一出發點，一雛形形態。我們固然不把聯盟看作君臨於全朝鮮革命大衆之上的總指導機關，但同時我們堅決相信，只有這聯盟才能正確地執行推進全民族統一戰線的主要槓杆的任務。

朝鮮民族戰線聯盟的當面任務，是一方面積極促成完全代表全民族的意思的民族戰線總指導機關，另一方面在中國抗日戰爭過程中，積極促成中韓民族的聯合戰線，同時要和其他一切的反日勢力取得密切的聯繫。只有這樣，才能增強我們的戰鬥力量，才能確保我們的最後勝利。

最後，朝鮮民族戰線聯盟已經發表了創立宣言及關於民族統一戰線的基本綱領和鬥爭綱領。我們應當根據着這個綱領及宣言，去奮鬥到底，得到最後的勝利爲止。

命者聯盟等，都有了時代所要求的共通傾向，就從一九三六年夏天起，開始主張結成全民族的統一戰線。

到了蘆溝橋事變發生後，客觀情形，更有利於統一戰線的結成，於是三團體代表在南京，交換關於如何結成民族戰線問題的意見。當時孫建，金鉄男，李然浩三君，以不屬於任何團體的個人資格，在各團體間努力策動統一，結果由三人簽名發表宣言，同時得三團體的同意，召集關於統一問題的懇談會，這時中國的全面抗戰已經揭開，敵機不斷空襲南京，在這種恐怖緊張空氣中，集合各方面的代表十五人，討論結果，先成立了『朝鮮民族戰線統一促成會』，並發表致力於統一運動的宣言。

可是再隔數日，『南京韓族會』也召集全體大會，發起組織『在中國朝鮮民族抗日同盟』，不過這同盟在組織趣旨上，完全和統一促成會相同，故經雙方協商，把兩團體合同而組織『朝鮮獨立運動者同盟』。

在那時以前，同樣在關內爲朝鮮革命而奮鬥的『韓國國民黨，朝鮮革命黨，韓國獨立黨等三團體，網羅在美洲的朝鮮革命團體等，成立了『韓國光復運動團體聯合會』，當時我們對於這聯合會，再三提出關於統一的意見和要求，但由於種種關係，至今尚未得到統一，不能不認爲很大的遺憾。不過我們始終爲統一而努力，而且深信我們的統一運動一定會成功的。

『朝鮮獨立運動者同盟』在名稱上，好像是一個獨立的團體，但牠的內容上，仍然還是要促成民族統一戰線的過渡性的團體。在這團體中，發生了民族戰線的組織是否以個人本位，或以團體本位的問題，此外還有民族戰線政治綱領問題，有許多不

中國抗戰與朝鮮革命

民山

這次的中日戰爭是由於日本帝國主義之對華武力侵略而爆發的。所以這次製造戰爭的禍首，當然是日本帝國主義。

在遠東幾個國家中，日本是最先接受了歐洲資本主義文明的國家。她經過明治維新而漸次走上帝國主義的侵略途上。她經過一八九四年的中日戰爭和一九〇四年的淸日戰爭，攫取朝鮮台灣及遼東半島，到最近更侵佔滿洲，而成了今日的日本。日本之所以有今日，是和併吞朝鮮有絕對關係。朝鮮不但在日本殖民地意義上極佔重要，而在日本帝國主義進攻大陸的戰略根據地上尤其重要。反過來說，倘若朝鮮是一個有力的獨立國家，那末日本帝國主義的所謂大陸政策便沒有實行的可能，而且過去的淸日及俄日戰爭乃至目前中日戰爭也許是不會發生的。

朝鮮處於中，日、俄三大國之間，她的存亡便可以決定這三大國在東亞政治勢力的消長。因此朝鮮在政治地理上，已經成爲奠定東亞和平之主要關鍵。過去的淸日及俄日戰爭都是因朝鮮問題而發生，當時的日本新興資本主義經此兩大戰爭的勝利，就完全驅逐了淸俄兩國在朝鮮之勢力而獨佔整個的朝鮮。朝鮮既失外部淸俄兩國的維護與援助，又未具備內部的各種抵抗力量，就在一張條約之下造成了今日朝鮮的痛史。

朝鮮被日本帝國主義佔去以後，雖有義兵運動，一九一九年三一大革命運動，無數的農、工、學各界的大小運動或暴動，國內外暗殺破壞的恐怖行動．韓滿邊境的武裝鬥爭，因而前後犧牲了數萬生命，被捕入獄或亡命海外的達數十萬人，但終因戰後國際關係的暫時安定，日本侵略勢力之極端澎漲，中俄兩國反日力量之不集中與未完成而我朝鮮復國偉業至今尚未成功。

日本帝國主義在她解決殖民地問題的工作中首先以和平方式併吞了朝鮮，在佔領東四省時亦未遭劇烈之抵抗，她又在征服全中國的工作中幾年來雖然用盡了以華制華不戰而勝的方法，但終因中國民族的自覺而未獲成功，所以她不得不用武力來完成她未完的工作。

日本帝國主義在她武力征服全中國的工作中，由於中國人民之精誠團結與民族領袖蔣介石先生之領導抗戰而遭受意外的抵抗。在中日戰爭九個月當中，日本雖然佔領了華北五省及江浙各重要都市而在各處得了表面上一時的勝利，但絕不能算作眞正的最後的勝利。反而中國民族之長期抗戰決心與準備，對於日本之速戰速決主義給以根本的打擊。

中國在長期抗戰的戰略中，不但可以克服內部之困難，而又可以轉變外部的情勢使有利於中國。要根本的打倒日本帝國主義，中國單獨的力量顯然是不够的，一定還需要朝鮮民族解放運動與日本國內反戰運動之響應和世界愛好和平國家的精神的物質的帮助。但是這些還是由長期抗戰中爭取得來的。

朝鮮民族始終認中蘇兩國爲最可靠的眞實友軍，中蘇不但是朝鮮革命的精神上的寄託者，並且是物質上的援助者，尤其中國是從地理上，歷史關係上，種族上，文化上，國家地位上與我朝鮮有不可分之聯繫，並處於共存亡之同一命運。所以朝鮮民族決不視此次中國抗戰爲他人之事，不僅在精神上祈求中國勝利，而在實際上正準備着以戰鬥行動來打擊敵人，以求中韓兩民族之眞正徹底的解放。自從中日戰爭開始以後，在國內曾破壞運輸敵兵的列車，爲了反戰運動而與敵僑衝突，因此而死傷者整一千人，敵人試徵志願兵四百名而應募者僅走狗，敗類分子等數十人，在中國東北朝鮮革命部隊之繼

同的意見，爲着統一這種分歧的意見，更爲着和光復團體聯合會充分協商統一問題，經過了相當的時日和數次的正式和非正式會合。

這樣，前後經過三個月的時日，到了十一月十二日才正式召集三個團體的代表大會，經過四五次的會議，遂成立了本聯盟，通過了名稱，規約，綱領及宣言等，而『朝鮮獨立運動者同盟』，遂於無形解體。

這時，由於中國方面在東戰場失利，南京危機益急，於是本聯盟即由南京移到武漢，到了十二月初，在漢口發表本聯盟創立宣言。

最後，關於本聯盟的特點及其歷史使命，簡單地說一說。

上面說過，在朝鮮革命史上，很早就有統一運動，但這運動，大體上不是同一性質的政治團體的合同運動，便是性質不同的各黨來組織民族單一黨的運動。可是本聯盟是由主義和思想不同的團體，保持自己的立場和組織而在一定的共同政綱下，以聯合形式來結成的，這便是本聯盟的特色，也可以說是聯合戰線的典型。不過我們決不會把這聯盟看作君臨於朝鮮革命大衆之上的領導團體，我們只把聯盟作爲結成最完滿的全民族統一戰線的一出發點，由此將要更努力於戰線統一運動，以期實現最圓滿的統一戰線。還有一層，我們深信這種統一戰線不僅在打倒日本帝國主義的鬥爭過程中需要支持，而且在將來建立獨立自由幸福的國家的時候，也需要各黨各派的共同努力，因爲只有這樣才能招來朝鮮民族的眞正自由幸福的生活。

續增大，在沿海洲、美洲、中國關內革命同志之加倍努力等等實際行動是可以表現朝鮮民族之革命精神和援助中國抗戰的決心。

朝鮮是敵人進攻大陸的戰略根據地，如果在朝鮮不斷地發生騷擾、發動、在韓滿邊境繼續的擴大遊擊戰爭，不但可以牽制敵人侵華的兵力，更可以動搖敵人的軍心而促成敵人內部的革命，影響到整個的中國抗戰。中國如求永遠的獨立，非把日本帝國驅出大陸外不可，東亞各國如欲維持永遠的和平，亦非援助朝鮮獨立運動使之成功而加以維護不可。中國以及其他遠東各國對此問題決不能作壁上觀的！

朝鮮革命既與中國抗戰，東亞和平有不可分之相互關係，朝鮮民族當然貢獻自己一切力量，盡其所能，發動全國的全民族的解放運動來參加幷援助中國抗戰，共同爲打倒敵人日本而奮鬥。同時反對並阻止强盜日本對任何國的侵略行爲，共同爲維護東亞和平而奮鬥。同樣，中國和受日本侵略的任何國家及民族，亦應在精神上物質上積極援助朝鮮革命以求得自國眞正的獨立自由和眞正的東亞和平。

在這個時候凡是愛好和平的，及已被日本帝國主義侵略的人們都團結起來，結成鞏固的反日戰線爲打倒民族的敵人，人類的公敵——日本帝國主義，建設獨立，自由幸福的國家而共同奮鬥吧！最後勝利是屬於我們的。

哀悼島山先生

星淑

我們的一位民族解放運動偉大領袖，安島山（昌浩）先生，竟於三月十日在敵人的牢獄中，與世長別了，噩耗傳來，全朝鮮民族，那一個不爲着 先生的慘酷的遭遇而悲痛？尤其悲悼不置的是亡命在海外多年與 先生共同策動革命事業的老同志們，以及在 先生指導下積極參加革命鬥爭的無數青年們。

島山先生是現年六十一歲的老革命者。 先生在亡國前後三十餘年間，爲着朝鮮民族的自由獨立而奮鬥到底。特別在亡國後，亡命到海外來，在滿洲，上海及美洲各地，積極糾合革命同志，組織興士團，策進革命事業。一九一九年『三一』大革命運動當時， 先生參加韓國臨時政府，並召集國民代表大會，以謀革命運動的統一，其後組織韓國獨立黨，以策動獨立運動的統一的指導。到了『一二八』戰爭後，尹奉吉烈士炸殺敵將白川事件發生時， 先生適在上海，遂被倭敵逮捕，在京城牢獄中，做了五六年慘酷的鐵窗生活。因病保釋。這次中日戰事發生，又被敵總督府逮捕下獄，竟以年老多病之身抵不住敵人的橫蠻毒刑，終於離開我們而長逝了，我們要記住： 先生始終是爲民族的自由獨立而奮鬥努力，而至於犧牲！

先生在革命運動中一貫的主張，就是集中全民族的力量，以『實幹苦幹』精神，向前邁進！在這倭敵大舉進攻中國，而全朝鮮民族反日反戰運動風起雲湧的今日，特別在全民族反日統一戰線運動正在高漲的時候， 先生的肉體雖然被敵人殺害了，但先生的革命精神便永遠活躍在我們每一革命者的心房裏，領導着整個革命運動。所以，我們哀悼島山先生，必須本着 先生的集中全民族力量的遺志，趕快建立全民族的統一戰線，來打倒日本帝國主義！

朝鮮民族戰線聯盟工作情形

本聯盟成立到現在，已經有四個月了。

本來聯盟的主要工作方針是：第一，要推進朝鮮國內及國外的全民族的統一戰線，第二，要建立廣汎而統一的中韓民族聯合戰線，第三，要發動全體民族直接或間接參加中國的抗日戰線。可是我們處在特殊的環境中，所遭遇的困難非常之多，因而聯盟的工作便不能活潑地開展。在下面簡單地報告聯盟成立以後一些工作情形

（一）去年十二月三十一日發表『告中國同胞書』這是聯盟成立後第一次向中國同胞要求建立中韓民族聯合戰線的言論。

（二）爲促進中國關內朝鮮革命團體的統一，于一月中旬派本聯盟理事王君實，孫建二同志到長沙，歷訪朝鮮光復運動團體領袖李東寧，金九，李靑天，趙素昂，玄益哲諸先生，交換關於建立民族統一戰線的意見，結果雖然得不到具體的成就，但他們也在痛感着統一的必要，而且要致力於統一工作。我們深信我們的統一戰線的擴大，只是時間問題，遲早總要成功的。

（三）本聯盟爲着推動朝鮮及日本的革命大衆積極參加反日反法西斯侵略戰爭的運動，特向中國國民外交協會國際宣傳組接洽，派林哲愛，鄭文珠二同志，在武漢廣播電台，輪流用朝鮮語及日本語播音。第一次一月十八日，題爲「爲中日戰爭告朝鮮婦女」。第二次一月二十四日，題爲「告朝鮮同胞」。第三次一月三十一日，題爲「告日本大衆」。頗受聽衆的好評。

我們怎樣參加中國抗日戰爭？

一來

中國抗日戰爭是對於日本帝國主義大陸侵略政策的總結算的開始。牠的結果如何，依於地理的與政治的條件，也要直接影響到朝鮮民族解放運動的前途。所以中國抗日戰爭的發動與持續也應視爲朝鮮民族解放運動的另一形態的推動與發展。理由是很簡單，因爲假如中國抗戰失敗而給日本獨佔，或者中途屈服而國家民族更陷於悲慘的境遇，則朝鮮民族的解放運動也要受致命的打擊。反之，中國抗戰勝利了，日本帝國主義給這一勝利粉碎，朝鮮民族才有獨立自主的可能。

我不是說中國抗戰的勝利同時意味着朝鮮民族解放運動的成功。但是朝鮮民族欲得到完全的解放，必得驅逐日本帝國主義出朝鮮。欲驅逐日本帝國主義出朝鮮，則僅限於朝鮮民族的獨力鬥爭還是不够，質言之，必得抓住中國對日抗戰的機會，利用殖民地對領主國的一切矛盾與對立，展開了壯烈的執拗的血的鬥爭，才有可能。其在中國方面，欲確實保障抗戰勝利，也得要選一支力量加入作戰。論朝鮮革命而忽略了中國抗戰或者論中國抗戰而遺忘了朝鮮革命同樣是不澈底的見解。換言之朝鮮民族的解放與中國抗戰的勝利，的確有不可分離的關係。

朝鮮民族必得盡所有力量，利用各種方法，以發動朝鮮革命者援助中國抗戰，反過來以援助中國抗戰者促進朝鮮革命的成功。

怎樣發動朝鮮革命呢？

朝鮮民族在國內有二百萬以上具有組織的民衆，而此種組織在日本帝國主義統治機構裏頭，正如人體上的淋巴與血液，可能助其發育，也可能制其死命；而他們在這次中日戰爭中，無疑的是成爲制敵死命的主要因素。朝鮮的大地主大資本家都是日本人，最大的壓迫者就是日本帝國主義，所以朝鮮民衆不論是工人農民乃至中小資產階級，都爲着自身的解放而堅決反對日本帝國主義，在這反日勢力高漲的時期他們一定配合着中國抗戰步調，一致蹶起，實行對日抵抗，開始武裝鬥爭，破壞敵的秩序，搗壞敵的巢穴。在東北有二萬以上武裝部隊（包括東北抗日聯軍中的朝鮮人部隊）與不少數的受過初等軍訓的僑胞壯丁，他們正在跟抗日聯軍（東北的）齊一步伐，担任對朝鮮國境的擾亂工作，他們可能於一定的條件下揭開國內武裝鬥爭的序幕。在蘇領沿海州有兩師以上朝鮮軍隊附屬在遠東紅軍裏頭，而俄日衝突之日一定是他們向祖國行進之時。在中國關內有兩三百受過軍訓的朝鮮青年，我們必得於中國抗戰當局的提携與援助下組織成朝鮮民族的獨立部隊或中國朝鮮兩民族的聯合部隊，直接參加中國抗日戰爭，如歐戰當時畢爾蘇斯基領導下之波蘭大隊，以執行發動全國民衆的導火性的任務。

中國抗戰的勝利等於朝鮮民族解放運動的第一步的成就。朝鮮革命大衆尤其是在中國關內的我們再沒有躊躇顧慮的餘地，起來吧，我們一齊往中國抗戰前線上去奮鬥吧，我們高高舉起朝鮮民族參戰軍隊的旗幟，讓千千萬朝鮮子女在這一面旗幟的鼓動下怒吼起來！

（四）致國際反侵略大會于二月十二日在倫敦舉行之反日援華特別會議，表示敬意，並提出五項建議。同日武漢各界舉行該會中國分會成立大會，本聯盟也派代表參加，印發傳單數千份，并派山王君賢同志代表本聯盟致辭，深得與會人士的同情和歡呼。

（五）二月二十日武漢各團體舉行空軍殉職壯士追悼會時，本聯盟派代表去參加。同月二十二日舉行孫景顏烈士追悼會時，派金祈民同志，代表本聯盟參加致辭。三月六日舉行第五路軍榮譽凱旋會時，派金奎光同志，代表本聯盟參加致辭。三月二十日舉行東北陣亡將士追悼會時，派王君賢同志，代表本聯盟參加致詞。三八婦女節紀念大會時，派林哲愛，鄭文珠二同志，代表本聯盟參加，并山林哲愛同志演講，頗受中國婦女界的歡迎。

（六）「三一」運動第十九週年紀念日，除由聯盟全體同志舉行盛大的紀念會外，特印發朝鮮文及中國文兩種紀念宣言數千份，在武漢各報上都有轉載。

（七）三月二十三日舉行安昌山先生追悼大會。（關於安先生的革命歷史，許多中國人自然不很明瞭的，但在這裏沒有餘裕來介紹他的一生致力革命的史實，只好待將別的機會了。）

（完）

日本侵略資本在朝鮮的現勢

健宇

當一九三一年「九一八」事變發生之際，在朝鮮的日本侵略資本，配合日本法西斯軍閥的大陸侵略政策，更加進行搾取。爲了完成這種目的，更把牠和殖民地統治方針聯繫起來，在朝鮮強制實行統制經濟，以防止自由競爭。而一方面要求日本與朝鮮經濟的一元化，他方面又企圖朝鮮與「僞滿」間更迅速的經濟來往。結果，在種戰時這經濟政策之下，更急速的促進了朝鮮民族經濟之毀滅。這裏，我們以民族別來觀察朝鮮經濟的現狀，即可見日本侵略資本，在朝鮮的獨佔形態。

說到日本侵略資本在朝鮮的現狀，則除了所有的鉄路由朝鮮總督府直接經營之外，大衆的消費物如香烟，鹽及人參(對華輸出)等，也由朝鮮總督府，依照專賣法來管理。至於酒和肥料的生產和販賣也是完全操縱於日本大財閥之手中。

特殊公司即依照日本帝國主義統制朝鮮的特別法令而設立的，朝鮮銀行，殖產銀行，東洋拓殖公司及鮮滿拓殖公司等半官性的公司，也在政府的統制之下。此外重要的金融機關，如朝鮮貯蓄銀行，朝鮮商業銀行，朝鮮火災海上保險公司，朝鮮信託，朝鮮製煉公司，朝鮮交易所，朝鮮書籍印刷公司及京春鉄路公司等，也在各該公司的大股東殖產銀行的支配之下。在民間惟一而普遍的金融機關，即全朝鮮七百所以上的金融組合，也是成了殖產銀行支配下的半官半民的大資本集團的成員。在重要產業部門，朝鮮窒素肥料公司，長津江水力電氣公司，兼弍浦日本製鉄公司，這些有關化學工業電氣工業及軍需工業等，也是在朝鮮總督府和日本陸海軍省合作指導之下成爲日本侵略資本的獨佔的企業。

如上所述日本的侵略資本，整個的獨佔朝鮮經濟而支配着朝鮮民族的經濟。至於具有特殊性的金融機關和產業機關，則捨而不論，僅對於朝鮮內日本大財閥的企業來說，則朝鮮民族資本，不但不能與之競爭，並受其極端壓迫而在急進的沒落過程中。試看下面一九三五年一月漢城商工會議所所報告的朝鮮內股份有限公司，合資公司，合名公司的情形：

朝鮮內設有本店之公司的情形

民族別	公司數	百分比	繳入資本金(日元)	百分比
朝鮮人	三九六	三五	一、〇一二、二八五	七
日本人	七〇七	六三	一、四四七、〇九八、七九五	八八
外國人	二	二	七、六五〇、〇〇〇	五
計	一、一〇五	一〇〇	一、六三三、七二一、六四五	一〇〇

右表雖則祇能表示公司所有者的民族別，而未能表示資本構成的民族別，可是，從朝鮮經濟的一般情形看來，不難推知日本人資本的獨佔勢力。在這種意義下，公司總數中，佔有百分之六十三的日本人公司和佔有百分之三十五的朝鮮人公司比較起來，又和繳入資本金中佔有百分之八十八的日本人資本和佔有百分之七的朝鮮人資本比較起來，使人感到詫異之甚。又和二個外國人公司之繳入資金比較起來，即爲七對五的比例，足見朝鮮民族資本的貧弱性和日本侵略資本的獨佔的支配勢力。

再看一九三六年六月，朝鮮殖產銀行所調查的鑛業方面情形：

內較大規模之鑛業公司數

民族別	公司數	百分比	繳入資本金(日元)	百分比
朝鮮人	二一	二一	五、一三七、四〇〇	七
日本人	七一	七〇	五四、三四六、二〇〇	六九
外國人	九	九	一八、六二五、〇〇〇	二四
計	一〇一	一〇〇	七八、一〇八、六〇〇	一〇〇

從右表可見鑛業公司總數中，日本人公司佔百分之七〇，朝鮮人公司則佔百分之二一，外國人公司也佔百分之九。其繳入資本總數七八，一〇八，六〇〇日元中，日本人資本佔百分之六九，外國人資本也佔百分之二四，而朝鮮人資本則僅僅佔百分之七。

不但如此，又根據朝鮮總督府殖產局，在一九三六年八月所調査之現況，則日本內設本店而在朝鮮取得鑛業權的公司也達九十三個所，其所有的鑛區數爲七百三十八所。這些事實足以表明，日本侵略資本獨占朝鮮鑛業的情形。

復次，看朝鮮人經濟中心的農業部分是究竟如何？這在下面的東洋拓殖公司所有土地數字中足以見到的。

東洋拓殖公司所有土地面積表

種別	單位（町步）
水田	三九・〇五六
旱田	一九・七九九
住宅地	七二三
山林	一四二・三三四
其他	三・九〇〇
計	二〇五・八一二

此表係該公司在一九三四年六月所調査的情形。此表不但表明該公司爲朝鮮的一個大地主，而且也十足的表示朝鮮土地經濟在急速的集中於日本資本家。其實這表不過表示朝鮮的土地經濟被日本侵略資本所侵佔的一部現象而已。還有絕對多數的土地是爲朝鮮殖產銀行，東亞勸業公司，金融組合及其他金融貸附機關所抵押的。先說東洋拓殖公司抵押土地之貸款也已達八八，七八一，五五一日元，而日本侵略資本竟佔領了朝鮮土地之百分之八十。由此，不難知道朝鮮土地及林野怎樣被貸款機關所抵押，而逐漸成爲日本人的土地。

上述各點足以說明朝鮮民族經濟，在任何一方面都在沒落中的現象。加之日本的商業資本，供給朝鮮民族以大量的商品，壓迫並毀滅朝鮮人商業資本家而獲取高度的利潤。

貨幣資本，則以高利貸的形式吸收在農村都市的細民的血汗。至於產業資本，則獨佔工業，鑛業及農業等一般企業，壓倒土着民族資本家，進行更猛烈的民族的搾取。這樣隨着朝鮮民族資本的急激的沒落，日本帝國主義的侵略資本則成正比列而成長起來，取得獨佔底地位。

其次我們來檢討朝鮮內工業現勢。最近許多通俗經濟學者及社會評論家們，以爲「九一八」事變後，日本帝國主義在朝鮮改變過去的重農政策而施行農工並重政策，這是不錯。可是他們所提起的所謂振興工業的理由祇不過是朝鮮富於資源，工業原料及勞働工錢的低廉，及因軍需工業膨脹而引起的景氣，又爲近在滿蒙資源等的理由，但這還不能成爲根本的原因。爲明瞭這根本的原因起見，又不能不來檢討朝鮮經濟中心的農業經濟。

一九二〇年齋藤朝鮮總督時代，爲開發產業起見，樹立朝鮮產米增殖三十年計劃案，改良土地灌漑，結果的確是增加了米的生產量。那末這種政策究竟的目的是否在開發朝鮮農村呢？不，我們看產米的消費市場，卽不難知道它的眞意。朝鮮米的生產量，固然是增加了，但對日本的輸出亦是與之成正比例而增加了。一九一二年生產米總數一〇，八六五，〇五六石和一九二〇年的一四，八八二，三五一石比較起來，在這九年間，增產了三、〇一七、二九九石，又一九二〇年的生產米總數和一九三〇年的一九、一八〇，六七七石比較則在十一年來增產了二九八，三二五石。再看下面的最近五年來的產米量和對日輸出量。

年別	產米量（單位石）	輸出量（單位石）	差（單位石）
一九三二年	一六・三四五・八三五	七・五六九・八三七	八・七七五・九八八
一九三三年	一八・一九二・七二〇	七・九七二・三二九	一〇・二二〇・五〇一
一九三四年	一六・七一七・二三八	九・四三五・八三六	七・二九一・四〇二
一九三五年	一七・八八四・六六九	八・八五六・七三三	九・〇二七・九四七
一九三六年	一五・五七二・九七七	九・六〇・四三三	六・一一二・五五五
計	八四・七一四・四三九	四三・二八五・〇三六	四一・四二九・三九三

從右表中可見，自一九三二年至一九三六年五年間，生產米量增加了八四、七一四、四二九石，但在同期間內對日輸出的米量也增到四三、二八五、〇三六。卽平均每年對日輸出量竟佔每年生產總數的百分之五一。這樣大量的對日輸出，竟在日本消費市場壓倒了日本米，而威脅了日本農村。這種殖民地之產米政策，竟引起了破壞侵略國農村經濟的矛盾。於是爲解決這矛盾起見，繼又樹立米穀統制法來限制朝鮮米的對日輸出。但以這統制法，也

不能解決這矛盾，遂於一九三六年十一月一日，又頒佈米穀自治法，更限制了朝鮮米的對日輸出。

一九二〇年齋藤總督時代所樹立的產米增殖案，因爲日本農村經濟因此而受威脅，故遂於一九三一年制定了米穀法，這種法令經過累次的修改而制定了米穀統制法，但也不能解決這矛盾。於是至於一九三四年宇垣總督時代即停止施行增殖產米政策而代之實行了南棉北羊政策。這就是在朝鮮的南部氣候和暖的地帶則栽培棉花而在氣候較冷寒的北方則牧羊。這樣把歷來的產米增殖政策改變爲工業原料生產的奬勵政策。但是這米穀統制法，終覺得不足以限制朝鮮米的對日輸出，于是於一九三六年十一月一日頒佈米穀自治法案，以圖絕對禁止對日輸米。到了現在的南總督，又樹立農工並重政策，積極的統制着朝鮮經濟。一九三六年十月朝鮮總督府，網羅在日本，滿洲，朝鮮著名的金融業者，實業家，經濟學者及在朝鮮滿洲的陸軍首腦等七十餘名，組織「產調米査會」以爲農工並重政策的諮詢機關，在這會議上所提議的重要問題如下：

一、增殖工業原料的農產物。

二、奬勵開發重要鑛物及其合理化的經營。

三、澈底進行電力統制。

四、特別講究國防工業之振興政策。

然則日本帝國主義產業資本，對於殖民地朝鮮拋棄向來的重農政策，而實施農工並重政策的根本原因在那裏？讓我說一下：

（一）日本帝國主義的產業資本，在搾取朝鮮的第一階段，是實行重農政策，即增加生產米量而供給日本糧食。結果朝鮮米的對日輸出，壓倒日本農業資本而威脅日本農民經濟。因此不得不限制朝鮮米的對日輸出而講究第二期的搾取．這次採農工並重政策，振興工業，不過是日本帝國主義搾取朝鮮的更具體的方法而已。

（二）「九一八」事變後，日本帝國主義繼續的進行大陸政策過程中，必然的意料到未來的世界戰爭，因此將朝鮮當做侵略的根據地，定爲國防第一綫以及軍需工業施設的特別區。

（三）在朝鮮振興工業的附帶條件是：一·各種工業資源的豐富。二·地理上便於利用滿蒙資源。三·工業原料及工資的低廉。這些條件固然是發展朝鮮工業的有利條件。可是上述之第一，第二的基本條件得以配合起來，才會使朝鮮工業更大地發展。所以這幾個條件，成爲引誘日本工業資本家，容易搾取朝鮮的原因。

總之，日本帝國主義在朝鮮實行振興工業政策，爲的是第一及第三，而朝鮮的自然的社會的條件，使於實行農工並重政策。但這又促進了日本帝國主義在朝鮮更普遍而具體的搾取。

在這種條件之下，近年來日本帝國主義的工業資本．在朝鮮更積極而猛烈的發展了。看下面最近五年來對朝鮮內各種產業部門的投資情形：

事業別	投入資本（單位千日元）一九三一年十月末	一九三五年十月末	增減
農林業	四四、六六〇	五二、〇二八	七、三五八
水產業	六、二〇二	六、三九八	一九六增
鑛業	一三、二四二	五七、七八八	四四、五四六增
製造工業	七五、一七二	一一七、二五三	四二、〇八二增
瓦斯及電氣	二七，四三二	五〇、〇〇〇	二二、五六八增
銀行業	六一、〇八一	五九、八九二	一、八九〇減
金融及信託業	一一、五六二	一四、〇四一	二、四七九增
運輸業	三六、三八〇	四八、七三九	一二、三五九增
倉庫業	二、三七六	三、七〇一	一、三二五增
保險業	一、三七五	一、三七五	—
商業和其他	六三、七九五	一〇八、四二三	四四、六二八增
計	三四三、二七五	五一九、六二八	一七六、三五三增

從右表中可見，最近五年來增加資本中，產業部門的鑛業資本增加四四·五四六·〇〇〇日元，而增殖資本佔首位，製造工業增資四二·〇八二·〇〇〇日元，瓦斯及電氣工業增資二二·五六八·〇〇〇日元，以上三部門的增資共計一〇九·一九六·〇〇〇日元，由此可見對鑛工業之投資，較之對其他任何產業部門之投資，來得雄厚。

總之，今日朝鮮經濟，以民族別來觀察，則很顯然的，日本帝國主義侵略資本，在獨佔的地位，破滅朝鮮民族資本，我們根據一九三六年底之調查，就可知道日本侵略資本，佔領朝鮮土地全面積之百分之八十，佔工業資本金融資本與商業資本之百分之九十以上。由此不難推知朝鮮民族經濟，究竟破滅到何種程度。

朝鮮原是一農業國，全人口百分之八十以上，是從事於農業的，但其基本生產手段的土地中，大部分已被日本侵略資本家奪去了。在這種情形之下，朝鮮農民慘淡的生活是諸位讀者，便可推想而知的。看最近幾年來，佃戶對地主的爭議事件，便很容易知道朝鮮農民的現狀，自一九三九年一月至十月，這十個月之間發生了共七千二百餘爭議事件，，這個和一九三四年的一千八百餘件比較則增加了四倍的事件。固然在這數目裏包含着以朝鮮地主爲對象的爭議，但在日本侵略資本佔有大部分土地的朝鮮，爭議的主要對象，當然是日本侵略資本家。不但爭議的數方面激增，而在質方面也有很大的轉變，即由償債的經濟鬥爭，進一步而開始政治的鬥爭，詳言之，朝鮮農民大衆由此非常普遍而猛烈的展開着反日本帝國主義的民族解放的鬥爭。其中較大規模的反帝運動是因紙面上所限制而未能詳論，但其發生案件是不止一二次。

其次關於勞資鬥爭的情形是因爲材料欠之而不能詳細介紹，這是覺得非常遺憾的。祇舉一個例，以爲讀者的參攷。在朝鮮軍需工業中心地，咸鏡南道興南，自一九三四年至一九三六年即三年間，由朝鮮勞動者反對日本人廠主的勞資鬥爭，轉變爲以秘密結社的形式，反對日本帝國主義的政治鬥爭。因而爲敵警被捕而入獄的達四千七百餘名，其鬥爭的次數亦達一百二十七次。由此局部的事實，不難推知一般朝鮮勞動者對日本帝國主義鬥爭的情形。

尤其在日本帝國主義法西斯軍閥對華侵略日趨擴大而益烈的現情勢之下，對於朝鮮民族的政治上，經濟上的壓迫，果然是強盜式的，殺人式的越加厲害。剛發生一九三七年「七，七」蘆溝橋事變時，即在朝鮮內檢舉六千餘著名的民族運動者及階級運動者，後來又爲了彈壓隨侵略戰爭的擴大而不斷激發的反戰運動起見，把二萬餘著名的革命運動者與勞農大衆，殺戮的檢舉而均處以徒刑了。

今日的朝鮮，雖然在日本帝國主義淫威之下，成了人間的地獄，可是日本帝國主義的壓力越大，則朝鮮革命的巨潮便越加猛烈，越加擴大起來。那是必然的。

換句話說：朝鮮民族誰都深刻的認識，「把強盜日本帝國主義打倒以後，才能得到民族的幸福」。

——完——

中日戰爭中的所謂「朝鮮軍」

一來

中日戰爭發動以來我們在報紙上時常看到「朝鮮軍這樣」「朝鮮軍那樣」的記載。我認爲這在被壓迫民族互相聯合，特別是中國朝鮮兩民族同仇敵愾的意義上是很嚴重的事情；而有究明其眞相，公告於全中國每一個抗戰壯士的必要。

現代資本帝國主義一飛而爽朝鮮爲日本殖民地，然而日本的過去一切文化禮教與習尙，猶源於朝鮮的固不消說，就是印度的佛教與中國的哲學也多由朝鮮介紹給日本，這是一點。民族生活的悠遠，歷史內容的豐富也是朝鮮優於日本，這是二點。加之日本爲着推行牠的大陸政策，又不能僅視朝鮮爲普通的殖民地，而需要把牠咀嚼消化，使成爲母體的一部分，這是三點，這些條件便是使日本不得不以高壓警戒與同化政策爲統治朝鮮的根本方針。所以日本自從在朝鮮確立統治權以來，從不敢把朝鮮人加以武裝，這我們可以由如下的事實證明出來：

第一、朝鮮民族自從亡國迄今，根本不曾給施行兵役制度。這可由下述五六兩項事實反証之。

第二、日本的關東軍華北駐屯軍等作外軍隊中，就是不相干的微官末差，也沒有一個朝鮮人攙雜其間。

第三、日本在中國連租界巡捕與領事館衛兵都不敢動用一個朝鮮人。

第四、九一八以後日本在東北各地爲防備，并且爲從內部破壞義勇軍的活動計，而有所謂自警團的組織。可是這種自警團自除川十戶連保切結束縛其行動外，特別是對朝鮮人，以平時不發給槍械，有事時發給是發給而限期繳還爲原則。以上三項是中國人有目共覩的事實。

第五、在最近幾年間，日本爲準備侵略戰爭，在朝鮮挑選地主資本家的子弟，在嚴密的連保與種種苛刻條件下組織所謂「國防靑年團」，予以軍訓；可是該團的思想與行動一左再左，左到造反；解散而改造之，但亦是一樣。這使敵當局欲罷不能，只有派出大批密探監視團員的行動。

第六、中日戰爭的序幕揭開以來前線日軍死傷慘重。日本帝國主義者爲欲補充其兵力，曾于本年一月十四日經由朝鮮敵軍當局頒佈了志願兵制。我們須知此種志願兵制在經濟破滅的朝鮮人看來，是個又好作威，又好賺錢的難得機會，可是自該制令頒佈以後兩週間應募者僅得十幾人。再換一套戲法，于同月末頒佈了徵兵令，實行徵兵，而朝鮮民族的答覆便是一個壯烈的暴動，由對於徵兵官吏的反抗，發展而爲民族的仇恨，僅是開城平壤兩個地方敵的官公吏及移住民死傷於朝鮮民衆之棍棒者千數百人，而朝鮮民衆死傷於敵兵警之槍刀者數亦如之。這些是惟有鮮血才能說明的殖民地民族解放運動史上一件悲壯的成就。

根據上述事實，我們可知朝鮮直至兩個月以前始終沒有施行過任何兵役制度。到最近，制度是有了兩個，但這制度的施行又爲消極的不合作與積極的反抗阻撓；即使有些綁架去的，但在時間上又來不及經過訓練而開赴前線。

那麼中日戰爭中的所謂「朝鮮軍」是那裏來的？我們一究其眞相，可舉出以下四點：

a．名義上之誤解。駐屯朝鮮之日軍通常稱爲朝鮮軍，那就是駐龍山之第二十一師團，駐羅南之第十九師團與駐平壤之航空第七聯隊（現已增爲一旅，番號未詳）；這正如稱駐關東州之日軍爲關東軍，前者與朝鮮人無關正如後者與居住關東州之中國人無關。

b．以訛傳訛之所由來。朝鮮人被迫在火線上給敵軍掘戰壕開汽車的不免是有的。固然，做工是一事，當兵另是一事，可是在血肉橫飛的火綫上誰也不耐替他們剖辯。

c．以假作眞。被俘的日軍往往爲保全所謂「皇軍」的體面，自承爲朝鮮人。

d．最主要的還是日本帝國主義者的有計劃的造謠中傷。日本帝國主義者爲要拆散中國朝鮮兩民族的聯合戰線，而利用上述種種疑似的條件，大造其謠，以中傷兩民族的感情，而世人不察，信以爲眞。

中日戰線上的所謂「朝鮮軍」其來歷便是如此，這是鐵一般的事實。當然日敵已頒佈徵兵令，強徵兵役勢在必行，在今後也許發現眞的朝鮮軍也說不定，但在今日以前的所謂朝鮮軍不是訛傳，便是假冒，這點我們應得辨別清楚。這裏作者所斤斤剖白者還不是專要證明朝鮮人沒有給日敵當兵的事實，而要中國每一個抗戰壯士，正確估計他自己的最可靠的友軍（朝鮮民族）對於同一敵人的敵愾心的深入與堅決程度，促進更大膽更具體的聯合，共同奮鬥，以完成兩民族的獨立自主！進而實現東亞的眞正和平！

敬告日本的革命大衆

編者按：本文係朝鮮民族戰綫聯盟同志林哲愛女士應中國國民外交協會之請，在漢口無線電台，用日本語播音的演講稿，特譯成中文，在此發表。

日本的革命大衆們！我是亡命在中國的一個朝鮮人，現在得到能夠同你們說幾句話的機會，自己覺得非常之榮幸。

我們知道，日本軍閥壓迫下的大多數勞苦大衆都是討厭戰爭的，可是中日戰爭現在已經開始了很久，而且還要繼續擴大下去。你們應該曉得，這次的戰爭是中國民族爲着主權的獨立和領土的完整而反抗日本軍閥強盜的侵略之民族的自衞戰爭，也就是中國民族爲着保衞世界和平和正義公理而反對日本帝國主義者破壞東亞和平的行爲之革命的防衞戰爭。反過來看，日本帝國主義者爲着克服牠自身的政治矛盾及經濟恐慌，而侵略鄰近的弱小民族國家，這種侵略戰爭，決不是爲着改善日本勞苦大衆的饑餓狀態的，而是爲着增殖少數資本家財閥及法西斯軍閥的利潤的戰爭。

在這次戰爭中，日本方面所蒙受的犧牲和損失實在太大了。但這還不是日本勞苦大衆的犧牲和損失嗎？數億萬元的戰費，不是他們的膏血嗎？數十萬在戰線上當砲灰的，又不是他們的生命嗎？拿正確的數字來說吧，日本在俄日戰爭中的全部消耗額，僅達十七億二千萬元，但這次半年的戰費已經超過四十億以上，死傷者已達二十餘萬人，單就這個數目來說，也可以充分明瞭日本軍閥是如何榨取人民的膏血和犧牲人民的生命之事實，這樣巨大的消耗，假定說日本能夠戰勝中國，也不見得有什麼把牠補充的能力。這是看了法西斯意大利雖戰勝了阿比西尼亞，但牠的經濟狀態比戰前更爲困難的事實，便可以明白的。

可是，你們要知道，日本帝國主義者在這次戰爭中，能夠戰勝的希望是沒有了。爲什麼？因爲第一　四億五千萬中國民族已經有了縱史上未曾有的民族的團結和覺悟，萬衆一心來抵抗日本的侵略，第二，全世界愛護和平的國家及人民，在精神及物質上，積極援助中國的自衞抗戰。單單這兩個條件，已經能够抵抗日本的侵略，況且日本帝國主義內部的矛盾，日益深刻化，國際地位更加孤立化，竟陷於決定的崩壞的危機。詳細點說，日本大多數人民的貧窮化，大衆的革命情勢的成熟，朝鮮及台灣民族獨立運動的發展，國際的孤立及對立等等，無論從那一方面看來，都不是保證日本戰勝中國的條件。

日本法西斯軍閥爲着持續和擴大這次的侵略戰爭，瘋狂地壓榨自國內的勤勞大衆及其殖民地民族。他們對於極度窮苦的人民課以重稅，强制徵兵，剝奪言論集會的自由，解散左翼團體，鎭壓勞苦大衆的一切政治活動，特別對於朝鮮及台灣民族，加以極端的慘壓，不是逮捕投獄，便是虐殺屠戮！這種殘慘無比的行爲，正是他們在中日戰爭中自掘墳墓的表現。

在這兒，我們朝鮮革命者，不論是誰，都對於日本的革命大衆，特別是日本的反法西軍閥，反侵略，反戰的一切革命團體及個人，表示熱切的同情和嚴肅的敬意。你們也同我們一樣，在同一的法西斯黑暗統治下，爲着自身的解放，爲着實現人類的正義和公理而英勇奮鬥！我們的目標是一樣的，實際上站在一條戰線上的！

日本的革命大衆們！你們完成歷史給與你們的偉大使命之時期，現在已經到來了。一九一七年蘇聯十月革命的教訓，便是證明在這次中日戰爭中日本革命成功的可能性。你們要堅決相信，你們不是孤立的，你們是和你們的統治階級剛剛相反，在世界到處都可以看見你們的友軍和同盟軍。日本帝國主義者對你們實係不共戴天之仇的中國民衆，不僅不是你們的仇敵，反而是你們的最眞實的友軍。相反的日本帝國主義法西斯強盜，不僅僅是中國民衆的仇敵，也就是你們的眞正的仇敵。中國民族和我們朝鮮民族，決不會敵視被壓迫的日本民衆。總之，日本帝國主義是中國，朝鮮乃至日本民衆的共同的敵人，因此我們必須相互緊密地聯合起來，打倒這共同的敵人，來建立眞正的東亞和平。

我們朝鮮民族，現在正是爲着民族的獨立和自由而鬥爭着。由於日本帝國主義的壓迫，一切革命鬥爭在表面上看，好像不很活躍似的，其實我們的革命勢力是日益擴大而强化起來。朝鮮國內的反日運動的擴大，特別最近各地的反戰反徵兵大暴動等，革命形勢日見高漲，特別在海外的數千數萬的革命先驅者們，已經和蘇聯及中國的抗日勢力發生密切的聯繫，尤其在目前，在華朝鮮革命者們，直接或間接都很熱烈地參加中國的抗日戰線，因爲我們清楚認識中國抗戰的勝利，就是朝鮮革命的第一步的勝利，也可以說是日本革命民衆的反法西斯運動的勝利！

日本帝國主義的這次侵略戰爭，正是他們自掘墳墓的勾當。日本軍閥在中國到處，屠殺人民，刦奪財貨，强姦婦女，轟炸無軍備都市，種種極端野蠻的行爲，不但不能征服中國，反而更鞏固了四億五千萬民族的抗戰決心。不僅如此，全世界愛護和平的國家及人民，爲着宣揚人類的正義和公理，起來反對日本的侵略，援助中國的抗戰。二月中旬在倫敦開催的國際反侵略運動大會，無疑地將是給日本軍閥一個嚴重的懲罰。英，法，美，印度，加拿

朝鮮民族戰線聯盟
對國際反侵略運動大會反日
援華特別會議建議書

國際反侵略運動大會于二月十二日在倫敦舉行反日援華特別會議。朝鮮民族戰線聯盟特致函該會主席團，先對該會維護和平與制裁侵略的苦心表示感謝；繼舉日本帝國主義統治朝鮮與侵略中國的種種罪惡，指陳其內部矛盾的激化與國際上的孤立正在盲目地趨向崩壞的事實。并提出五項建議，要求予以採納。玆將建議案照錄如下：

（一）朝鮮民族在日本帝國主義的恐怖統治下，數十年間不斷地爲着國家的獨立和民族的生存而奮鬥，而且這一民族陣線，無疑地是反對日本侵略陣線即保衛世界和平陣線的最有力的戰鬥部隊，因此，貴大會應當把朝鮮作爲一國家單位，決定設置朝鮮分會。

（二）愛護和平的世界各國公民及團體，應一致宣布日本爲世界侵略主義的急先鋒，並宣布日本爲壓迫和屠殺朝鮮及台灣民族，侵略中國，破壞世界和平的人類之公敵！

（三）世界各國一切公民及團體應一致拒絕買賣日貨，並對日本拒絕供給各種經濟，軍用品及其他製造原料，技術人才，食品，藥品等等。

（四）世界各國一切公民及團體對於中國應積極援助各種經濟，軍用品，技術人才，食品藥品等，以增强中國的抗日力量。

（五）世界各國一切公民及團體對於朝鮮民族解放運動，也正如援助中國一樣，予以物質上及精神上的援助。

大，比律濱等國的人民，已經自動起來，拒絕買日貨，向政府要求對日本拒絕供給借款，武器及其他軍需用品。反之，對於中國民族予以積極援助，以增强抗日力量。

日本的革命民衆們！在這種情勢之下，你們還能夠忍受今後更大的，落在你們身上的損失和犧牲嗎？在這戰爭中，你們所得到的，只有更多的支出背血，犧牲性命外，便什麼都沒有的！只有永遠地消滅這種戰爭，才能夠招來永遠的幸福和自由。起來吧！你們趕快起來，把這罪惡滔天的侵略戰爭，轉變成爲日本大多數人民的幸福而戰的，神聖的自由解放戰爭。這樣打倒法西斯軍閥的統治，建立人民自己的政治機構和經濟組織。

日本軍需工場的工人們！你們怎樣能夠爲着你們的真正敵人軍閥，替他們製造殺死你們的友軍中國人民的武器呢？你們應當趕快團結起來，打倒你們真正敵人日本軍閥！

日本農民及商人們！你們應當趕快起來，反對擴張軍備的一切增稅，反對徵兵，反對侵華戰爭！因爲在這戰爭中用錢的是你們，死的也是你們，結果戰勝了，只有幾個資本家和法西斯軍閥升官發財，而在你們頭上多加上幾條鐵鏈，戰敗了，也只有共倒同亡！

日本的兵士們！你們要看清楚你們的真正敵人是誰，然後才可瞄準你們的槍口啊！你們的真正敵人，不在中國，而是在你們貴國！不！在你們的背後命令你們向中國人開槍的你們的官長們，正是你們的真正敵人！你們應當趕快把槍口掉轉過來，發動你們國內的革命戰爭吧！特別直接在前線的兵士們，趕快殺死你們的長官，携帶武器，跑到中國的友軍這方面來！中國的軍民當然是熱烈地歡迎你們，優待你們！

末了，日本的一切革命民衆們，你們須得清楚地認識，這次中日戰爭中，日本帝國主義必定滅亡，而東方一切被壓迫大衆，一定能夠得到解放的！起來吧！我們所得的是自由解放，所失的是除了繫在我們頸上的鐵索外便什麼都沒有了！完結。

特載

朝鮮民族戰線聯盟創立宣言

我們三個團體同是爲朝鮮民族的自由解放而鬥爭，然在過去的一個階段中，我們各自樹立着獨立的門戶，未能切實的團結，是不可諱言的，不過這也是在時代潮流動蕩中免不了的一回事罷了，但是自幾年以來，我們同是提倡民族戰綫的統一而不遺餘力，尤其是自蘆溝橋事件發生，中國四萬萬民族開始全面抗戰以來，我們爲達到民族戰線統一的目的，不斷地與我們革命的各團體接洽，如此經過三個月的預備工作，至今才告一段落，我們就在嚴密的盟約及共同的綱領政策下，結成「朝鮮民族戰線聯盟」，並將我們的態度和決心申述於下：

（一）朝鮮民族的唯一出路端在團結全民族的力量來打倒日本帝國主義，完成朝鮮民族的自主獨立，所以朝鮮革命就是民族革命，而我們的戰線也就是民族戰線並不是「階級戰線」也不是「人民戰線」，又與法國，西班牙等的所謂「國民戰線」有

朝鮮民族戰線聯盟致中國國民黨臨時代表大會函

中國國民黨臨時代表大會主席團公鑒

日本强盜現正大舉侵略中國，四萬萬五千萬中華民族在偉大領袖蔣介石先生及貴黨領導之下團結一致，爲國家民族生存而英勇抗戰，予敵以痛擊。適在此時貴黨舉行臨時代表大會，討論抗戰大計，以期爭取最後勝利。本聯盟代表朝鮮二千三百萬同胞，謹向貴國偉大領袖，貴黨全體同志以及一切抗戰壯士致敬，并祝早日完成抗戰勝利。茲特提出下列意見，請求予以採納。

一、確認朝鮮民族爲抗日陣線的一主要勢力，對于朝鮮民族解放運動予以物質上及精神上的援助。

二、建立國際反日聯合機構，尤其特設中國台灣各民族之聯合會議，在統一的抗日指導方針下予以切實合作。

三、確認朝鮮民族爲中國民族的最可靠的同盟者，對于朝鮮革命同志樂爲參加中國抗日戰線者予以特別指導。

此致

抗日敬禮

一九三八年三月廿九日

國內情報

（一）倭敵在朝鮮徵募志願兵。

據台北二月十四日及同月二十七日兩次無線電，日本自本年二月十四日起，在朝鮮實施志願兵制，這是日本武裝朝鮮人的創舉，他們特別

民族內的分別，這樣我們堅決否定我們民族戰線內部發生對立或分化的現象，而且要努力克服過去所有的這種現象，我們的民族戰線也已經過了理論的過程，而達到實踐的階段，際在此時，與我們利害關係相同而友誼關係最深的四萬萬中國民族，對日本強盜的野蠻侵略，發動全面的英勇抗戰，這不僅給我們以實際的教訓，而且給我們以實質的援助，於是我們革命成功的信念也無限的增強。

（二）我們革命的目的，不外乎實現全朝鮮民族的自由平等，要達到這個目的，必須集中全民族的革命力量起來打倒日本帝國主義，以完成朝鮮民族的自主獨立，而且要建立全民族能够享受安樂和幸福的政治機構和經濟制度，換句話來說，朝鮮民族爲保障民族生存的自主權計，爲民族的悠久繁榮和發展計，爲保障世界的和平計，在國際上要求民族的自主獨立，在政治上要求全民的平等權利，在經濟上要求大衆生活的安定和向上而已，這是我們民族共同的要求，而我們民族一致團結的理論基礎也就是在這裏，我們有了這樣明確的理論基礎，團結才是鞏固，革命的力量才是偉大。

（三）朝鮮民族自然有其特殊的情形，所以我們朝鮮的革命也應該有其特殊性，這是誰也不能否定的，但朝鮮問題也不過是世界問題的一環，所以朝鮮的革命也應該有國際的共同性，這也是不能否認的，譬如中國民族（雖不無程度的差異）也爲達到與我們相同的要求而鬥爭着，同樣的要完成中國民族的自主獨立，實現民權主義的政治，獲得民生主義的平等經濟，這就是中韓兩民族革命的一個共同性，也就是一切被壓迫民族革命理論的共同性，所以一切被壓迫民族的聯合戰線也是需要而且必然的

尤其是我們須要與中國民族切實聯合起來，趕打倒日本帝國主義，實現眞正的東亞和平，這樣也可以貢獻世界和平及人類幸福的實現。

（四）朝鮮民族已經有了革命的自覺，我們知道要達到全民族共同的要求，只有一條革命的路可走，並且知道我們的使命是如何重大，所以在朝鮮國內的革命大衆，並沒有什麼內部分裂和對立的問題，就是在南北滿洲的多數朝鮮革命群衆，分裂和對立是已屬過去的問題，不過在華南方面的朝鮮革命陣營內部，還沒有完全消除黨派對立的現象，我們雖然相信如果我們的革命運動更進一步的擴大到大衆裏面去，這種現象是自然可以被克服，可是這種過渡現象給與整個革命運動的惡影響，也的確是不小，所以我們仍須努力縮短其克服的時間。

（五）日本帝國主義，現在發動其陸海空軍的總力量來積極進行侵略中國的戰爭，並且聯合德國和意大利，結成侵略戰線，以便達到其侵略的目的，我們須要與中國民族聯合起來，加強抗日的戰線，這是歷史所給我們決定的必然的一條路線，並且要支持與世界上侵略戰線對立的民主和平戰線，這也是一個自然的趨向，日本帝國主義正在被包圍於中國及英美法蘇的聯合戰線之中掙扎，而且其自體的矛盾也達到了極點，所以牠的瘋狂肆虐，也不過是最後的掙扎而已。

我們是在如上述的認識和主張之下，結成「朝鮮民族戰線聯盟」，並號召國內外革命同志及革命大衆，要發動全民族的總動員，打倒日本帝國主義，完成我們的革命偉業。

一，朝鮮全民族團結起來，鞏固我們的民族戰線——

二，中韓兩民族聯合起來，集中我們的抗日力量——

三，聯合世界上一切反日勢力，打倒日本帝國主義——

朝鮮民族革命黨
朝鮮民族解放運動者同盟
朝鮮革命者聯盟

預再其本決定先徵集四百名，作爲試探朝鮮民族的「效忠」程度。可是截止二月末所徵去僅是十七人云。

（二）倭敵在朝鮮實施徵兵制。

據東京來電，倭敵爲補充對華侵略戰爭的損失，從本年二月起，在朝鮮實施徵兵制，而從二月尾開始強迫徵兵。可是朝鮮民衆是以壯烈的暴動來回答這種強制徵兵。僅就開城及大邱兩地而說，數萬民衆起來反對徵兵制，組織猛烈的暴動，結果徵兵 吏及日本移住民死傷者達千餘人，同時朝鮮民衆在敵憲兵及警察刀槍下，被死傷，被捕投獄者亦達數千人。這種反徵兵運動，在敵的高壓下仍在進行和擴大。

（三）韓滿邊境的遊擊戰和民衆暴動

據最近情報，東北人民革命軍中的朝鮮人隊伍，分成幾個可能獨立作戰的遊擊部隊，沿着豆滿江上流侵入國境，襲擊敵的警察及守備隊，並組織人民的反日暴動，這種暴動與襲擊案件據敵當局自己估計在過去三個月中達三百餘次之多。

（四）安島山先生獄中逝世。

據長沙轉來本國電訊，我們的民族解放運動領袖之一，安島山先生，於三月十日在京城監獄中逝世。噩耗傳來，國內外各革命團體及個人，莫不哀悼。

台灣通訊

自倭敵開始對華侵略戰爭以來，台灣民衆的反戰及反對徵兵運動日見高漲，到了本年一月，這種運動遂以暴動形式表現出來。台灣革命者高聚氏，

朝鮮民族戰線聯盟基本綱領

（由朝鮮文譯成中文）

一、打倒日本帝國主義，建立朝鮮民族的眞正民主主義的獨立國家。

二、確實保障國民的言論，出版，集會，結社，信仰之自由。

三、沒收日本帝國主義者及賣國賊，親日派一切財產。

四、改善勤勞大衆的生活。

五、以國家經費實施義務教育及職業教育。

六、在政治，經濟，社會上確保男女的平等權利。

七、對於同情或援助朝鮮民族解放運動的民族及國家，締結同盟或友好的關係。

朝鮮民族戰線聯盟鬥爭綱領

一、根本撲滅日本帝國主義的統治勢力

（1）組織全國的總暴動，準備實行軍事行動。

（2）用暴力驅逐倭敵的移住民。

（3）沒收朝鮮內倭敵的一切公私有財產。

（4）根本撲滅朝鮮內倭敵的政治，經濟及其他一切支配勢力。

二、建立全民族的反日統一戰線

（5）朝鮮民族，除少數親日派，走狗外，不論各政治團體，羣衆團體及個人，一致團結，建立全民族的反日統一戰線。

（6）積極排擊一切反對全民族的反日統一戰線的傾向。

（7）全民族的反日統一戰線須採取民主集權制。

三、全民族實行革命的總動員

（8）動員全國農民，展開驅逐倭敵地主及其移住民的運動和拒絕納稅的運動。

（9）動員全國工人，特別動員倭敵的軍需工場，水電，礦山及各種交通機關中被僱工人，展開怠工，罷工及破壞倭敵的一切工業設施的運動。

（10）動員學生，知識份及文化人，積極發揚民族文化，撲滅倭敵的奴對教育。

（11）動員全國各宗教團體，使之參加民族解放鬥爭。

（12）動員全國婦女，使之參加民族解放鬥爭。

四、積極展開軍事行動

（13）聯合國外各地的民族武裝部隊，組織統一的民族革命軍隊，實行民族解放戰爭。

五、參加中國抗日戰爭

（14）在國內實行倭敵的後方搗亂和武裝鬥爭，在東北參加抗日反滿鬥爭，在中國關內，直接參加中國抗戰。

六、聯合世界上一切反日勢力

（15）中國民族，台灣民族及蘇聯爲最大的反侵略，反日勢力，必須與之切實聯合。

（16）對於一切反侵略陣線國家及世界反侵略運動會，取得緊密的聯絡。

七、肅清自治運動妥協主義親日派等內奸

（17）撲滅自治運動及參政權運動

（18）撲滅親日派所組織的時中會，亞細亞協會之類的一切反動團體

（19）剷除倭敵的一切走狗

（20）肅清中國境內的走私業者毒禁物品商等不良份子。

（介鋒譯）

原是台灣勞動組合長，他率領數千武裝工人，一月三日在宜蘭與駐日本駐屯軍，激戰達四小時，後退到阿里山等地，動員務社一帶的土人部隊準備和敵的進剿部隊血拚。同時台灣非戰同盟總部也通電呼應中國的抗戰，願領率五百萬台灣同胞，與日寇作殊死戰，以爭取民族的自由解放。總之台灣的反日運動原來非常發展，而這次高裴氏的武裝暴動，便把牠推進到更高的一個階段。在中國長期抗戰過程中，一定會組織起更廣大，更猛烈的反日武裝暴動來！

編輯後記

自從中國的全面抗戰展開以來，這一小小的刊物，同人等卽計劃着出版，但在進行中竟遭遇到種種的困難，尤其經濟上的困難，遂延至現在始能與讀者相見，同人等覺得非常的遺憾！同人等出版本刊的動機，是在於有計劃的討論如何結成中韓民族聯合戰線的種種問題，使在聯合抗日的意義上，得到更有效的結果。其次便是經常的介紹在日本帝國主義的鐵蹄下朝鮮民族革命運動的實況。關於前者，希望中國的抗日同志們多多的予以指示！倘能收到他山之助，則獲益者不僅朝鮮民族已也！

本期因爲是創刊號的緣故，內容多偏於論文方面，而且因爲篇幅及時間的關係，撰稿者祇限於朝鮮人。下期關於中韓民族聯合戰線之具體問題，擬請中國各界人士們多多的發表偉論，至於朝鮮獨立運動的動態，雖因敵人的封鎖，交通梗塞，材料的來源不易，但當盡一切的可能盡量介紹！

本期因急於付梓，一切編排技術及文字上均甚草率，尙望讀者諸君加以批評及原諒爲感！

진광

인쇄일: 2025년 3월 15일
발행일: 2025년 3월 30일
지은이: 한국독립당
발행인: 윤영수
발행처: 한국학자료원
서울시 구로구 개봉본동 170-30
전화: 02-3159-8050 팩스: 02-3159-8051
문의: 010-4799-9729
등록번호: 제312-1999-074호

잘못된 책은 교환해 드립니다.
정가 300,000원